SUR LA

SOCIÉTÉ DE CRÉDIT FONCIER

EN FRANCE

PAR

M. RAMBAUD DE LAROCQUE

DOCTEUR EN DROIT, AVOCAT À LA COUR DE CASSATION

PARIS

L. LAROSE, LIBRAIRE-ÉDITEUR

22, RUE SOUFFLOT, 22

1874

ÉTUDE

SUR LA

SOCIÉTÉ DE CRÉDIT FONCIER

EN FRANCE

PAR

M. RAMBAUD DE LAROCQUE

DOCTEUR EN DROIT, AVOCAT A LA COUR DE CASSATION.

PARIS
L. LAROSE, LIBRAIRE-ÉDITEUR
22, RUE SOUFFLOT, 22

1874

DROIT ROMAIN

DU DROIT DE PRÉFÉRENCE ENTRE CRÉANCIERS HYPOTHÉCAIRES

(Dig., livre XX, titre 4.)

INTRODUCTION

1. — Le créancier, pour l'exécution de l'obligation de son débiteur, peut avoir des sûretés de deux sortes : les unes sont personnelles, elles reposent sur la tête du débiteur ou d'un coobligé; les autres sont réelles, elles portent sur une chose affectée au payement de la dette. Ces deux espèces de garanties, nous les trouvons dans notre législation moderne; elles étaient dans les législations les plus anciennes. Chez les Hindous, les Égyptiens, les Grecs, le créancier qui redoute l'insolvabilité du débiteur peut exiger de ce dernier un cautionnement, un gage. A ces deux contrats de garanties vieux comme le monde, les Grecs vinrent adjoindre, pour assurer le payement des dettes, des conventions neuves et d'origine entièrement hellénique; je veux parler de l'antichrèse et de l'hypothèque. Cette dernière est originaire de l'Attique où, chose remarquable, elle eut, dès sa naissance, le caractère fondamental que les modernes ont perfectionné : celui de la publicité. Elle s'annonçait, aux yeux de tous, par de petites colonnes placées sur les immeubles grevés. Chez les Romains, nous ne rencontrons point l'hypothèque dès les premiers temps de leur législation. L'histoire de l'hypothèque et du gage à Rome doit, en effet, être divisée en trois périodes distinctes. Nous les allons rapidement examiner.

2. — A l'origine, le débiteur qui veut donner une sûreté réelle à son créancier, lui transfère la propriété même de sa chose ; en même temps, par un contrat de fiducie, le créancier s'engage à retransférer la propriété dès qu'il aura été payé de ce qui lui est dû. Ici, la sécurité du créancier est complète, car, étant devenu propriétaire, il va de soi qu'il peut aliéner la chose qui lui sert de sûreté, la reprendre entre les mains de tout tiers détenteur au moyen d'une revendication. Mais si ce système donnait une garantie parfaite au créancier, il ne laissait pas de présenter des dangers sérieux pour le débiteur qui, n'ayant pour recouvrer l'objet engagé qu'une action personnelle de fiducie, devait respecter toutes les aliénations et tous les droits réels constitués par son créancier. C'était, en définitive, sacrifier la sécurité de l'un à la sécurité de l'autre. A cette situation, le droit civil avait déjà apporté un tempérament, grâce à une *usucapio* dite *usureceptio;* le débiteur qui avait repris possession de la chose pouvait l'usucaper par un an, sans juste titre ni bonne foi, bien qu'elle fût immobilière (Gaius, II, §§ 59-60).

Sur le système précédent, l'institution du *pignus* réalisa un véritable progrès. Le gage était un contrat se formant *re.* Le débiteur remet au créancier la possession seulement de la chose affectée à la sûreté de la dette et en garde la propriété. Mais le créancier reçoit le pouvoir d'aliéner la chose pour le cas où il ne serait pas payé à l'échéance. Ce pouvoir, dans le principe, devait lui être expressément donné (Gaius, II, § 64), et il ne le pouvait exercer qu'à charge de faire trois dénonciations au débiteur. Plus tard, le droit de vendre l'objet devint de la nature du *pignus,* il fut sous-entendu dans le contrat, et les trois dénonciations ne furent plus exigées que dans le cas où, en engageant sa chose, le débiteur aurait exprimé que le créancier ne pourrait pas la vendre. Le créancier, d'ailleurs, avait les interdits pour se maintenir en possession. Ses intérêts étaient donc sauvegardés, tandis que le débiteur, restant propriétaire, avait, pour reprendre l'objet donné en gage, soit une revendication qu'il pouvait exercer contre tout tiers détenteur, soit une action *pigneratitia directa* qu'il pouvait intenter contre le créancier.

Ce système du *pignus* présentait cependant un

double inconvénient : d'une part, le débiteur était contraint de donner en gage. pour une dette quelquefois modique, un objet qui pouvait avoir une grande valeur, et à épuiser ainsi d'un seul coup tous ses moyens de crédit ; d'autre part, l'abandon de la possession le privait de l'usage de la chose. Or, cet usage pouvait lui être, dans certains cas, aussi indispensable que le droit de propriété lui-même. Comment comprendre, par exemple, que le fermier, pour obtenir un crédit, se dessaisisse des instruments et des animaux nécessaires à la culture du fonds ? A ce dernier inconvénient, on remédiait, il est vrai, en partie, de la façon suivante : le débiteur gardait par devers lui la chose comme locataire du créancier ou comme concessionnaire à titre précaire. Mais remarquons que le créancier pouvait refuser ce *precarium*, que, dans tous les cas, cette concession à titre précaire était toujours révocable au gré du concédant. Un préteur nommé Servius fit faire un pas de plus ; d'un simple pacte, sans aucun déplacement de possession, intervenu entre le fermier et le bailleur, il fit découler un droit réel donnant au bailleur une action réelle dite *action Servienne*. Les préteurs subséquents firent le dernier pas en décidant que toute convention faite entre un créancier et un débiteur relativement à une dette quelconque pouvait créer sur un objet, quel qu'il fût, au profit du créancier, un droit réel d'hypothèque, droit qui fut sanctionné par l'action *quasi-Servienne* ou hypothécaire.

3. — Dans ce dernier système, le débiteur trouve un moyen commode de crédit, puisqu'il peut hypothéquer sa chose tout en en conservant l'usage et la possession. Il l'hypothèque par un simple pacte, et par suite, peut affecter successivement la même chose au payement de plusieurs créanciers. De son côté, le créancier hypothécaire a le droit de faire vendre la chose, le droit d'être payé sur le prix par préférence aux autres créanciers, et pour la garantie et l'exercice de ces droits mêmes, le droit de suite contre les tiers détenteurs. S'il se trouve en présence de créanciers chirographaires, aucune difficulté ne peut s'élever. Tout se borne pour lui au droit de vendre et au droit de suite, personne ne peut lui disputer son rang, il est préféré à tous. Mais si l'objet a été hypothéqué à plusieurs, il est important de savoir quel est le premier créancier hypothécaire, car ce dernier a sur les autres des avantages considérables et que nous devons signaler.

4. — Le créancier hypothécaire qui vient le premier peut obtenir entier payement de sa dette en capital et intérêts sur le prix du gage, quand même il ne devrait rien rester pour les créanciers postérieurs (loi 18, Dig. 20, 4). En conséquence, il peut leur demander la chose hypothéquée; s'il en a la possession, il les repoussera, au cas où ils dirigeraient contre lui l'action *quasi-Servienne*, par l'exception : *Si non mihi ante pignori hypothecæ ve nomine sit res obligata* (loi 12, pr. 20, 4), il peut aliéner la chose sans leur consentement, et même anéantir, par cette aliénation, leurs droits de gage.

N'allons pas croire, cependant, que le droit du créancier hypothécaire postérieur fût destitué de tout effet. Ce créancier pouvait d'abord intenter avec succès contre un tiers l'action quasi-Servienne; une fois mis en possession, il est vrai, il pouvait être évincé par le créancier hypothécaire qui lui aurait été préférable; mais il avait en outre le droit d'exiger le reliquat du prix (Loi 12, § 5, 20, 4) et dans le *jus offerendæ pecuniæ* un moyen d'améliorer sa position.

5. — Quoi qu'il en soit, nous comprenons déjà, étant connus les avantages attachés à la qualité de premier créancier hypothécaire, quelle importance il y a à rechercher à qui appartient le premier rang. Ce sera l'objet de notre première partie. Dans une deuxième partie, nous étudierons les moyens donnés aux créanciers postérieurs d'obtenir ce premier rang en prenant la place du premier créancier.

PREMIÈRE PARTIE

A qui appartient le droit de préférence.

6. — La règle générale du droit romain, c'est que le rang des gages et hypothèques se détermine par la date de leur établissement; le premier en date est le premier en rang : *prior tempore potior jure* (lois 2, 4 au Code 8, 18). Donc pour déterminer le rang des créanciers hypothécaires, on doit s'attacher à l'époque de la convention et il importe peu que l'hypothèque ait été retardée par un terme. Mais nous pouvons supposer, et c'est là un cas très-fréquent, que l'hypothèque garantisse une créance conditionnelle; quel sera alors le rang de cette hypothèque? Si l'hypothèque garantit une créance conditionnelle, elle prendra rang au jour de la convention et primera par suite toutes celles que le débiteur aurait pu constituer entre la convention et l'arrivée de la condition. C'est ce qui résulte de la loi 11, § 1 (Dig. 20, 4), et Gaius nous en donne pour raison : « *Quum semel conditio exstitit perinde habetur ac si illo tempore quo stipulatio interposita est* *sine conditione facta esset.* » Donc, d'après Gaius, l'hypothèque ne prend rang au moment de la convention que parce que la condition accomplie produit un effet rétroactif au jour de la convention même. Est-ce là la bonne raison ? Nous ne le pensons pas. Sans doute, comme le fait remarquer notre savant maître, M. Bufnoir, dans son remarquable travail sur la *Théorie de la condition en droit romain*, c'est une raison de plus pour admettre dans ce cas la règle générale que nous avons posée plus haut ; mais il est inexact de croire que le même résultat ne dut pas se produire indépendamment de toute rétroactivité. L'hypothèque, en effet, peut être constituée pour sûreté d'une dette future, je veux dire celle dont l'existence ne rétroagit pas, avec rang au jour où elle a été consentie. De ce que nous avançons, nous trouvons des preuves dans la loi 9, § 2 (Dig. 20, 4) : Un héritier a engagé une chose qui lui appartient pour sûreté d'un legs conditionnel ; ensuite il hypothèque la même chose pour de l'argent qu'il a emprunté, puis la condition du legs s'accomplit. Cette condition, nous le savons, ne produit, dans ce cas, aucune rétroactivité, et cependant Africain nous dit que le légataire à qui le gage a été donné d'abord doit primer l'autre créancier hypothécaire. De même dans le *principium* de la même loi Africain suppose l'espèce suivante : « Une personne loue pour les calendes de juillet un établissement de bains, et pour garantie du payement des loyers, hypothèque un esclave au bailleur, puis, avant les calendes de juillet, ayant emprunté de l'argent, elle hypothèque le même esclave à un second créancier. Au quel des deux est due la préférence? Le bailleur s'est fait donner une hypothèque au moment où aucune créance n'était née à son profit; il n'avait à ce moment qu'une créance future qui, aux yeux des jurisconsultes romains, n'est ni à terme ni conditionnelle et à laquelle aucune rétroactivité ne peut être attachée; cependant la préférence est donnée au bailleur. »

Donc, nous le voyons dans les deux exemples précédents, la condition accomplie ne produit aucun effet rétroactif, et cependant, l'hypothèque consentie n'en prend pas moins rang au jour de la convention. Pour expliquer ces exceptions, on a dit : l'hypothèque qui garantit une dette conditionnelle ou future est subordonnée à une condition : l'existence de l'obligation principale. Que cette obligation naisse, alors la condition à laquelle était subordonnée l'hypothèque est accomplie, et cette condition rétroagit au jour où cette hypothèque a été consentie. C'est aller chercher bien loin, je crois, une explication ; et pourquoi ne pas reconnaître tout simplement que les parties peuvent, dès à présent, constituer une garantie pour une obligation qui n'est pas encore née? Une telle convention est toute naturelle, et on ne voit pas qui pourrait s'en plaindre.

7. — Nous tenons donc pour certain que, même

en l'absence de toute rétroactivité, l'hypothèque garantissant une dette conditionnelle remonte au jour de la convention ; mais à cette règle, nous devons faire une restriction, et si nous suivons les textes, nous devrons la formuler à peu près de la façon suivante : toutes les fois qu'il dépendra de celui qui a constitué l'hypothèque de devenir ou de ne pas devenir débiteur, l'hypothèque datera, non du jour de la convention, mais du jour où la dette se sera formée. C'est ce qui résulte de la loi 11 pr. (Dig. 20, 4). Gaïus suppose qu'une personne promette à Primus de lui donner hypothèque sur une chose s'il lui prête telle somme, elle hypothèque ensuite à Secundus, qui lui prête de l'argent, la même chose, après quoi Primus lui prête la somme demandée, Secundus ici primera Primus ; car, dit Gaïus : « *Poterat debitor enim, licet ante convenit, non accipere ab eo pecuniam.* » Papinien, dans la loi 1, § 1 (20, 4), prévoit une espèce semblable et donne la même solution. Africain, également dans la loi 9, § 1 (20, 4), donne le premier rang au créancier conditionnel qui a reçu hypothèque antérieurement à un autre créancier dont la créance est pure et simple : *Si modo non ea conditio sit quæ invito debitore impleri non possit.* Enfin, nous pouvons mentionner, dans le même sens, l'opinion de Paul (loi 4, 20, 3), qui prévoit l'espèce suivante : Titius désirant emprunter de Mævius, s'engage par avance à lui restituer la somme qu'il doit emprunter ; il garantit sa promesse en hypothéquant à Mævius certains objets, et puis Titius vend quelques-uns de ces objets, et c'est postérieurement à cette vente qu'a lieu la numération des espèces. L'acheteur les a-t-il acquis francs et quittes de toute hypothèque? Ils seront libres si l'hypothèque date de la numération des espèces; ils seront grevés de l'hypothèque si elle date de la convention. Le jurisconsulte tient pour le premier parti, et il motive sa solution par ces mots : *In potestate fuerit debitoris post cautionem interpositam, pecuniam non accipere.*

8. — De tous ces textes, il semble résulter d'une façon évidente, que le motif de la restriction que nous avons ci-dessus indiquée est celui-ci : il dépendait de celui qui a constitué l'hypothèque de devenir ou de ne pas devenir débiteur. Mais si telle est la doctrine de ces textes, si tel est le motif donné par ces lois, il n'est pas moins difficile d'admettre que l'hypothèque puisse changer de date quand il dépendra de celui qui l'a constituée de devenir débiteur. On a prétendu qu'une pareille distinction avait été faite pour déjouer des fraudes. Quelles fraudes, et de quelle nature peuvent-elles être dans un système hypothécaire où il est impossible au créancier de savoir jusqu'à quel point il peut compter sur la prétendue sûreté qu'il trouve dans son hypothèque? Je vais plus loin, et je dis que, loin de prévenir des fraudes, on arrive, en poussant au bout ce principe, à des résultats iniques, et par suite inadmissibles. Je suppose, en effet, une obligation avec clause pénale et une hypothèque consentie pour garantir le payement de la clause pénale. Nous avons bien ici une obligation sous une condition dont l'accomplissement dépend de la volonté du débiteur. Dès lors, nous devrons dire que l'hypothèque ne prendra pas rang du jour où elle a été constituée. N'est-ce pas là une solution inique? Je suppose encore qu'une vente ait été faite sous condition potestative de la part de l'acheteur avec constitution d'hypothèque pour assurer le payement du prix. N'y a-t-il pas ici une injustice flagrante à refuser au vendeur une sûreté en vue même de laquelle il a contracté son engagement, engagement qu'il ne dépend pas de lui de rompre? M. Bufnoir pense donc, sans contester l'exactitude juridique des solutions que les textes nous ont ci-dessus données, qu'on les a trop généralisées, et qu'on en a tiré des conséquences extrêmes, inexactes. Sans doute l'hypothèque qui garantit une dette future ou conditionnelle, dont la naissance dépend du pur vouloir du débiteur, n'a rang que du jour de la formation effective de l'obligation, *mais seulement quand, de son côté, le créancier futur ou conditionnel n'a contracté aucune obligation.* C'est l'hypothèse que nous devons voir prévue par nos textes; nous ne devons pas l'étendre au delà. Les solutions données s'expliquent alors aisément, et nous n'y pouvons rien trouver qui ne soit juste et équitable. Si, en effet, le débiteur ne doit être débiteur que s'il le veut bien, le créancier, de son côté, ne s'est pas engagé à réaliser le prêt, et quand l'emprunteur viendra lui demander la numération des espèces, il pourra s'y refuser, s'il pense que l'emprunteur a constitué d'autres hypothèques sur la chose; en un mot, s'il n'a plus la même confiance dans les sûretés qui lui sont offertes. Mais toutes les fois que le créancier se trouvera lié lui-même, il est impossible d'admettre qu'il soit au pouvoir du débiteur d'annihiler les sûretés qui ont déterminé le créancier à s'engager. A l'appui de cette théorie, nous trouvons un argument dans la loi 1 (*Princ.* 20, 4), dont voici l'espèce : Un tiers a promis une dot pour une femme et s'est fait donner une hypothèque pour s'en assurer la restitution. Une partie de la dot ayant été comptée au mari, celui-ci a donné la même chose en gage à un autre, ensuite il a touché le restant de la dot. On se demande ce qui adviendra dans ce cas. Comme celui qui a promis la dot est forcé, en vertu de sa promesse, a en payer tout le montant, il ne faut point prendre en considération les époques des payements, mais le jour où l'obligation a été contractée ; et le motif qu'en donne Papinien est justement que : le créancier futur est lié par sa promesse : *Nec probe dici in potestate ejus esse ne pecuniam residuam redderet, ut minus dotata mulier esse videatur.* Cette phrase, il est vrai, présente un sens amphibologique, et on pourrait la rapporter, non au constituant, mais au mari. Cependant le sens grammatical de la phrase indique suffisamment qu'elle se rapporte au constituant; les Basiliques doivent, du reste, nous enlever tout doute sur l'exactitude de l'interprétation que nous donnons. Voici, en effet, suivant la version latine d'Heimbach, en quels termes elles reproduisent notre texte : *Te prior sum quoniam enim promissa solvere necesse habeo, solutionum tempora non spectamus sed contractus.*

Nous devons donc reconnaître qu'en principe l'hypothèque constituée pour la sûreté d'une obligation conditionnelle ou future, produit ses effets dès l'époque de la constitution, lorsque le futur créancier n'est pas libre de le devenir, et quand bien même il dépendrait du futur débiteur que son obligation ne prît pas naissance. En sens inverse, dans le cas où il est loisible à celui pour lequel l'hypothèque est constituée de ne pas devenir créancier, nous déciderons que l'hypothèque ne datera que du jour où la dette aura pris naissance.

9. — La règle : *prior tempore potior jure,* trouvera d'ailleurs son application dans le cas où le conflit s'éleverait entre des hypothèques générales ou entre des hypothèques spéciales, ou entre des hypothèques générales et des hypothèques spéciales. Ainsi, la loi 2 (20, 4) prévoit le concours d'une hypothèque générale et d'une hypothèque spéciale. Si le créancier qui a hypothèque sur la généralité des biens du débiteur est le premier en date, alors même qu'il aurait le moyen de se faire payer en vendant seulement les biens qui n'ont pas été spécialement affectés au deuxième créancier, ce dernier n'a pas le droit de lui dire : Commencez par les biens qui ne me sont pas hypothéqués, puisqu'ils vous suffisent. Mais il en serait différemment, continue le texte, si le débiteur n'avait hypothéqué au premier créancier la généralité de son patrimoine que déduction faite de certains biens qui ne seraient affectés que subsidiairement et seulement en cas d'insuffisance des autres biens. Dans ce cas, si le débiteur avait ensuite hypothéqué spécialement le fonds, objet de la déduction, à un deuxième créancier, ce dernier aurait la préférence sur ces immeubles, si le premier créancier trouve de quoi se faire payer sur les autres biens ; car le deuxième créancier se trouvera moins avoir le premier rang qu'à être seul créancier hypothécaire. Toutefois, pour donner ce sens à ce texte, nous devons changer le mot *cætera* en *certa*. La phrase, autrement, serait incompréhensible, à moins de changer *generaliter* en *specialiter*, auquel cas l'espèce prévue serait la suivante : le débiteur aurait hypothéqué d'abord certains biens au premier créancier, et subsidiairement la généralité de son patrimoine. Mais l'erreur du copiste serait moins facile à comprendre, et ce serait d'ailleurs changer l'ordre d'idées annoncé dans la première partie de la loi, où une hypothèque générale conférée au premier créancier se trouve opposée à une hypothèque spéciale conférée à un deuxième créancier.

10. — Nous avons supposé jusqu'ici que les hypothèques en conflit portaient sur des biens présents; il semble que les difficultés seront plus grandes quand il s'agira de déterminer le rang entre hypothèques portant sur des biens à venir. Devrons-nous ici appliquer la règle : *prior tempore potior jure ?* On pourrait dire : les hypothèques n'ont pas été constituées en même temps, mais elles existent toutes les deux au moment où les biens entrent dans le patrimoine du débiteur, ces biens, par suite, elles les frappent, les saisissent en même temps. Il doit dès lors y avoir concours. Cette solution semble indiquée par la loi 7, § 1 (20, 4), l'espèce prévue est la suivante : « Je vous ai hypothéqué tout ce que je dois acquérir et j'ai hypothéqué spécialement à Titius un fonds, si j'en deviens propriétaire. J'acquiers ensuite ce fonds, Marcellus pense, nous dit Ulpien, que les deux créanciers concourront pour leur gage. Car, il est peu important que le débiteur ait payé de ses deniers, puisqu'une chose acquise avec des deniers hypothéqués à un créancier ne lui est pas hypothéquée par cela seul que l'argent lui-même était hypothéqué. » Mais si tel est le sens littéral du texte, nous devons remarquer qu'il n'y est nullement écrit que les hypothèques ont été consenties à des dates différentes. Bien au contraire, en lisant attentivement le commencement de la phrase : *Si tibi quæ habiturus sum, etc.*, il résulte d'une façon évidente que les hypothèques ont été en même temps consenties. Et en effet, le jurisconsulte ne veut nullement ici résoudre une question de priorité, il a en vue une question de privilége, dans le *principium* de notre loi, il décide que les pupilles ont un privilége sur les choses achetées avec leur argent ; dans le § 1, il veut tout simplement refuser un pareil privilége à celui auquel l'argent était hypothéqué, sur les biens achetés avec cet argent. L'ordre des idées, nous le voyons, est clair et net. Remarquons, du reste, que si Marcellus avait voulu établir un droit de concours entre deux hypothèques de dates différentes, l'argument qu'il met ici dans la bouche du premier créancier : « le débiteur a payé avec l'argent qui m'était hypothéqué, » eût été sans application au cas où le fonds serait arrivé à titre gratuit entre les mains du débiteur. Tenons donc pour certain que la règle : *prior temporc potior jure,* s'applique au cas où plusieurs hypothèques ont été successivement consenties sur des biens à venir. La solution contraire nous conduirait à des résultats que repoussent la logique et l'équité. Vous figurez-vous, en effet, un débiteur ayant hypothéqué ses biens à venir à un créancier, et pouvant dans la suite, à son gré et selon son bon plaisir, en constituant de nouvelles hypothèques à d'autres créanciers, indéfiniment réduire la première hypothèque. Ce serait, en vérité, laisser une trop large porte ouverte à la fraude et donner au débiteur un moyen facile de tromper un trop complaisant créancier. Quoi de plus équitable, au contraire, que la solution que nous avons donnée ? N'est-il pas tout naturel que le débiteur puisse hypothéquer ses biens à venir en entier à un premier créancier ?

Comme précédemment dans une circonstance analogue, je cherche en vain qui pourrait s'en plaindre. Notre thèse est donc trop conforme à l'équité pour qu'on puisse un instant penser que les jurisconsultes romains y ont dérogé; à l'appui de cette théorie, je crois pouvoir du reste trouver des arguments dans les textes suivants.

La loi 21 (20, 4) prévoit, en effet, l'espèce suivante : Titius a hypothéqué tous ses biens présents et à venir à Seia, pour la somme qu'il avait été condamné à lui payer pour compte de tutelle. Ensuite ayant emprunté du fisc de l'argent, il lui a hypothéqué tous ses biens, *omnes res suas,* et puis il paye une partie de la dette à Seia, qui fait novation pour le reste, et conserve son hypothèque primitive à sa date. On se demande si Seia doit être préféré au fisc, non-seulement sur les biens dont Titius était propriétaire au moment de la première hypothèque conférée à Seia, mais encore sur les biens acquis postérieurement à cette hypothèque. Scévola répond qu'il ne voit aucune raison pour refuser, même sur ces derniers biens, la préférence à Seia. Ce texte confirme notre opinion d'une manière certaine. Cependant nos adversaires en ont donné d'autres interprétations, nous les devons réfuter : le premier système consiste à dire : « oui Seia est préférable au fisc, mais seulement sur les biens acquis à Titius jusqu'au jour où il a contracté avec le fisc. » Cette distinction me semble complétement impossible, et il est arbitraire de faire rapporter ces mots : *quas post priorem obligationem adquisiit,* seulement aux biens acquis jusqu'au jour du contrat passé avec le fisc. Scévola ne fait aucune distinction, il ne nous dit pas que Seia sera préférée jusqu'à épuisement de tels ou tels biens, mais tout simplement qu'elle sera préférée jusqu'à ce que la dette entière soit acquittée. D'autres interprètes ont dit : « Il n'y a nullement ici conflit entre Seia et le fisc, car tous les deux sont dans des situations différentes, Seia a reçu hypothèque sur les biens présents et à venir, mais le fisc n'a reçu hypothèque que sur les biens présents. » Quels biens, en effet, Titius a-t-il hypothéqués ? *omnes res suas* ; or c'est seulement Justinien qui, au Code (loi 9, 8, 17), a décidé que de telles expressions embrasseraient les biens à venir. Dès lors, dans la loi 21, Scévola se demanderait simplement si, malgré la novation, Seia a conservé la priorité. A nos adversaires je repondrai d'abord que, de ce que Justinien a donné aux mots : *res suas* le sens que nous connaissons, il n'en résulte pas que ces expressions avaient auparavant un autre sens en général, et en particulier dans notre texte où il y a *omnes res suas.* Il est même probable que Justinien n'a donné le sens à ces mots, que parce qu'en général, les parties ne leur en donnaient pas d'autres. En second lieu, je leur ferai remarquer qu'ils font une distinction là où Scévola n'en fait aucune. Ce jurisconsulte se demande si Seia l'emportera sur tous les biens acquis après la première obligation, et cela sans distinguer entre tels ou tels biens.

L'interprétation que nous avons donnée est donc la seule admissible, et elle vient confirmer notre thèse à l'appui de laquelle j'invoque encore le texte suivant. Africain, dans la loi 9, § 3 (20, 4), prévoit le cas que voici : « Titia a hypothéqué à Titius un fonds qui ne lui appartenait pas, ensuite, elle l'engage à Mævius; puis, étant devenue propriétaire de ce fonds, elle l'a donné en dot à son mari avec estimation. Si Titius est payé, nous dit Africain, on était d'avis que le gage de Mævius n'en était pas plus valable. Car, après que le premier créancier est satisfait, le gage du second créancier n'est confirmé qu'autant que la chose se trouve alors dans les biens du débiteur. Or, dans le cas proposé, le mari tient la place d'un acheteur, et, par conséquent, comme la chose n'était pas dans les biens du débiteur, ni lorsqu'elle a été engagée à Mævius, ni lorsque Titius a été payé, on ne peut trouver aucun temps où le gage de Mævius ait pu s'établir valablement. Toutefois, il n'en est ainsi qu'autant que le mari était de bonne foi en recevant ce fonds en dot avec estimation, c'est-à-dire s'il ignorait qu'il était engagé à Mævius. » Nous devons dire de suite qu'il est quelque chose de singulier dans l'opinion d'Africain : en quoi, en effet, l'hypothèque de Titius peut-elle faire obstacle à celle de Mævius? et pourquoi pourrait-elle l'empêcher de prendre naissance? Elle aura le deuxième rang, mais elle sera valable. Africain a donc, sans doute, confondu la question de préférence avec la question de validité de l'hypothèque. Quoi qu'il en soit, cela nous importe peu. De cette loi, je retiens ceci, c'est que deux hypothèques ont été concédées sur un bien à venir à des époques différentes; or, si Africain avait admis le concours, il n'y aurait pas eu un premier et un deuxième créancier hypothécaire, et les hypothèques étant d'égale valeur, l'hypothèque de Titius n'aurait pas pu faire obstacle à la formation de l'hypothèque de Mævius.

Nous devons enfin, à l'appui de notre opinion, citer un dernier texte, la loi 28 *De jure fisci* (Dig. 49, 14). Elle suppose le fisc créancier à l'hypothèque générale en conflit avec un autre créancier de même qualité, et elle donne la préférence au fisc. Certains auteurs voient ici l'application d'un privilége spécial au fisc. Nous croyons, sauf à y revenir plus loin, que ce privilége n'existe pas. Le fisc, ici, prime l'autre créancier, parce qu'il a traité le premier; le mot *contraxerit* exprime, en effet, le passé, et les mots *prævenit causam pignoris fiscus*, indiquent la priorité du fisc dans l'ordre des conventions.

11. — Nous appliquerons également la règle *prior tempore potior jure*, si nous supposons un *pignus prætorium* ou un *pignus judiciale*. Le *pignus prætorium* a lieu quand le prêteur envoie un créancier en possession de certains biens; le *pignus judiciale*, quand le magistrat ordonne la *pignoris capio* contre un débiteur condamné. (Loi 10; Dig. 20, 4; loi 2; Code 8, 18.) Mais notre règle sera sans application au cas où, sur le même objet, il y a concours de plusieurs droits de gage prétoriens, lesquels sont égaux entre eux, sans égard à l'antériorité du temps. (Loi 5, §§ 3 et 4; 36, 4.)

12. — *Des exceptions à la règle « prior tempore potior jure.* » Il existe des cas nombreux où la règle *prior tempore potior jure* cesse de recevoir son application, ces cas sont les suivants :

1° Lorsque le premier créancier hypothécaire a donné son consentement à la constitution d'hypothèque au profit d'un autre créancier. C'est ce que nous dit Marcien, dans la loi 12, § 4 (20, 4) : « Si, dit-il, un débiteur vous accorde une hypothèque, et qu'ensuite il hypothèque la même chose à un autre avec votre consentement, le second créancier vous sera préféré. Puis, le jurisconsulte, se demandant si le second créancier ayant reçu son payement, la chose restera hypothéquée au premier, nous dit que ce sera là une question de fait; il faudra examiner quelle a été l'intention des parties, et si le premier créancier, en permettant au débiteur d'hypothéquer la même chose à un autre, a entendu absolument renoncer à son droit d'hypothèque ou changer seulement l'ordre de collocation et prendre lui-même le second rang. »

2° Au cas de *pignus pignori datum.* Ici, en effet, le second créancier gagiste doit incontestablement être préféré au premier, attendu qu'il a reçu le gage de celui-ci.

3° Lorsque deux créanciers ont reçu successivement hypothèque de deux personnes qu'ils croyaient propriétaires et qui ne l'étaient ni l'une ni l'autre. La loi 14 *in fine* à notre titre décide qu'on ne tient pas compte de la date des hypothèques, mais que celui qui sera en possession sera préféré.

4° D'après une ordonnance de l'empereur Léon, un droit d'hypothèque qui est appuyé d'un *instrumentum publice confectum*, c'est-à-dire d'un acte dressé sous l'autorité d'un magistrat ou d'un tabularius, ou d'un *instrumentum quasi publice confectum*, c'est-à-dire d'un acte souscrit par trois personnes au moins, d'une bonne réputation, sans égard à la date de cet acte, l'emporte sur un droit de gage qui n'a point été établi par un acte de ce genre. (Loi 11, C. 8, 18.)

5° et 6° Avant de passer à une plus importante exception, nous en devons signaler deux autres que nous avons déjà incidemment indiquées. Nous avons vu, en effet, que si l'hypothèque constituée pour sûreté d'une obligation conditionnelle ou future avait son rang du jour où elle était consentie, une restriction était apportée par les textes à cette règle. Nous ne devons pas oublier, du reste, dans quel sens nous avons cru devoir formuler cette restriction. En second lieu, nous avons fait également remarquer que, dans le cas de plusieurs gages prétoriens, il y a concours entre ces différents gages, quoique les créanciers aient été envoyés en possession à des époques différentes. (Loi 5, §§ 3 et 4, 36, 4.)

7° Enfin, le principe : *Prior tempore potior jure*, reçoit une exception en faveur des créanciers hypothécaires privilégiés. Cette exception est plus importante, nous devons plus particulièrement nous y arrêter.

13. — On appelle créanciers hypothécaires privilégiés ceux dont l'hypothèque, par une faveur spéciale conférée par la loi, prime les autres hypothèques qui ont pris naissance en même temps ou plus tôt. Cette faveur est accordée non-seulement à quelques hypothèques tacites, mais encore à certaines hypothèques conventionnelles. Dans ces dernières, alors, l'établissement même du droit d'hypothèque suppose bien une convention, mais le droit de préférence s'y trouve ensuite attaché de lui-même en vertu de la loi. Les créanciers hypothécaires privilégiés sont les suivants :

1° Les créanciers dont l'argent a servi au débiteur à acquérir, à reconstruire ou à conserver dans son premier état la chose hypothéquée à un autre, ont un droit de préférence sur cette chose pour la somme dépensée dans ce but, et les intérêts, en supposant qu'ils aient eu soin de convenir expressément, et cela au moment où s'est formée leur créance, d'une hypothèque dans les cas où ils n'ont pas d'hypothèque tacite d'après la loi (20, 2, Dig. *In quibus causis pignus vel hypotheca tacite contrahitur.*) Nous en trouvons plusieurs exemples à notre titre, notamment dans la loi 3, § 1 : « Un fonds était dû à Titius par un mandataire qui l'avait acheté pour lui ; avant que la possession lui en fût livrée, Titius l'a hypothéqué ; ensuite, après en avoir reçu la possession, il l'a de nouveau hypothéqué à un autre. Le premier a paru devoir être préféré, si le second créancier n'a pas payé le prix d'acquisition au mandataire ; s'il a payé, pour la somme qu'il aura payé et les intérêts, il est constant que le second créancier aura la préférence. De même, nous disent les lois 5 et 6, celui qui a prêté, pour armer ou radouber un navire, ou pour nourrir les matelots, aura un droit de préférence sur les créanciers hypothécaires antérieurs. Il en sera de même de celui qui a prêté sur des marchandises hypothéquées, soit pour les sauver, soit pour payer le nolis, puisque le nolis lui-même est préféré. Enfin, même décision pour les loyers d'un magasin, d'un emplacement contenant les choses hypothéquées, ou pour les frais de transport par voiture ou bêtes de somme. » La loi 7, C. 8, 18, et la loi 25, 12, 1, nous donnent des exemples analogues. Le privilége accordé dans tous ces cas au créancier, quoique postérieur en date, s'explique par cette raison, nous dit Ulpien dans sa loi 6 précitée : *Hujus enim pecunia salvam fecit totius pignoris causam*, son argent a conservé le gage pour tous, il est donc juste qu'il passe avant les autres créanciers.

2° Le pupille, dont l'argent a été employé à l'acquisition d'une chose mobilière ou immobilière, a, sur cette somme, indépendamment de toute convention, une hypothèque préférable même sur les hypothèques plus anciennes. (Loi, 7 pr.; Dig. 20, 4; loi 6; C. 7, 8.) Cette hypothèque a été accordée au pupille par une constitution de Septime-Sévère et d'Antonin Caracalla. (Loi 3 pr., 27, 9.)

3° Le fisc avait également une hypothèque privilégiée soit pour les impôts arriérés, soit pour ses créances contre un employé infidèle. (Loi 1, C. 4,46; loi 3, C. 12, 63). Mais une telle faveur doit-elle être étendue à ses créances ordinaires? La loi 21 à notre titre, dont nous avons parlé, me semble formelle pour la négative; il en est de même de la loi 8. Cette dernière loi porte : « Si une cité a reçu spécialement une chose en gage, elle sera préférée au fisc, si le débiteur ne s'est engagé que postérieurement avec le fisc, parce que, dit la loi, les particuliers mêmes sont préférés dans ce cas : *Quia et privati preferuntur.* » Cependant des auteurs, en se fondant sur une constitution de Caracalla et sur la loi 28 *De jure fisci,* ont voulu lui accorder ce privilége. Nous ferons remarquer d'abord que la constitution dont ils parlent n'a pas été retrouvée; en second lieu, la loi 28 qu'ils invoquent n'a pas, comme nous l'avons vu, le sens qu'ils ont bien voulu lui donner. Suivant ces interprètes, l'espèce prévue serait la suivante : « Mon débiteur m'a hypothéqué tous ses biens présents et à venir; puis il a contracté avec le fisc, le fisc passera avant moi sur les biens acquis depuis qu'il a reçu hypothèque : *In re postea adquisita.* » Ils en tirent dès lors cette conséquence que le fisc a un privilége sur les biens à venir, c'est-à-dire sur les biens acquis par le débiteur depuis l'instant où il a contracté avec le fisc. Nous répondrons d'abord qu'il serait bien bizarre que le privilége qu'on veut accorder au fisc, ne portât que sur les acquisitions faites par le débiteur postérieurement à son hypothèque, et ne s'étendît pas aux biens antérieurs. Mais tel n'est pas, nous le savons, le sens de la loi 28. Les mots *contraxerit* et *prævenit causam pignoris fiscus* nous indiquent clairement que c'est le fisc qui a contracté le premier. Si, dès lors, il a la préférence, c'est qu'il est *prior tempore*. Si on voulait absolument voir dans la loi une faveur accordée au fisc, nous trouverions celle-ci : le fisc contractant avec un particulier, sans se faire donner expressément hypothèque ou se faisant donner hypothèque, mais sans dire expressément que seront hypothéqués : *bona quæ habet et habiturus sit debitor*, n'en a pas moins une hypothèque générale tacite sur tous les biens présents et à venir de celui avec qui il a contracté. La seule prérogative du fisc consiste donc dans la dispense de stipuler une hypothèque ; c'est ce que nous apprend la loi 2 (C. 8, 15). Or, Ulpien qui, dans la loi 28 précitée, nous dit que sa décision est conforme aux constitutions impériales, ne peut avoir en vue que cette loi 2, ou bien la loi 2 (C. 7, 73), qui, réglant le concours entre le fisc et les autres créanciers, nous dit qu'à son égard comme à l'égard de tout autre créancier, on suivait la règle : *prior tempore potior jure*. Il est même plus probable que c'est à cette dernière loi qu'Ulpien entendait se référer; il motive, en effet, sa décision exactement dans les mêmes termes : *Jus fisci causam tuam prævenit.* Quoi qu'il en soit, tous ces textes, nous le voyons, loin de nous autoriser à accorder au fisc un privilége pour sûreté des créances contractuelles, doivent au contraire nous confirmer dans l'idée que nous avons émise, à savoir qu'on lui devait appliquer la règle : *prior tempore potior jure.*

4° Pour terminer, il nous reste à parler de l'hypothèque privilégiée de la femme. A l'origine, la femme n'avait, pour assurer la restitution de sa dot, qu'un *privilegium inter chirographarios.* Ce *privilegium* assurait à celui qui en était investi la préférence seulement sur les créanciers chirographaires; plus tard, Justinien, dans la loi 30 (*De jure dotium*), accorda à la femme une hypothèque tacite sur tous les biens dotaux; il lui concéda ensuite une hypothèque sur tous les biens du mari. (Loi 1, 5, 13). Enfin il lui donne une hypothèque privilégiée qui lui assure la préférence sur tous les créanciers du mari, même antérieurs au mariarge. (Loi 12, C. 8, 18.)

14. — Tels sont les principaux créanciers hypothécaires privilégiés auxquels les créanciers hypothécaires non privilégiés ne peuvent opposer le principe : *prior tempore potior jure.* Pour terminer ce sujet, il nous resterait à examiner quel est, en cas de concurrence entre les créanciers privilégiés eux-mêmes, l'ordre à établir entre eux. Nous touchons ici à une question des plus controversées. Je me contente d'indiquer, sans la discuter, la classification suivante, qui semble avoir été admise dans le dernier état du droit romain : la préférence sur tous les autres créanciers hypothécaires appartiendrait au fisc pour ses hypothèques privilégiées. (Loi 3, C. 12, 63.) Viendrait ensuite l'hypothèque privilégiée de la femme; et, en cas de plusieurs hypothèques dotales, la date décidera de la préférence. Enfin la dernière place serait occupée par les autres créanciers privilégiés, dont l'argent a été employé pour l'acquisition, la reconstruction ou la conservation de la chose du débiteur (Nov. 97 C. 3). Entre ces derniers, le plus récent créancier prime le plus ancien, attendu que c'est lui qui, par son argent, a conservé la chose hypothéquée pour les créanciers antérieurs.

15. — Dans tout ce qui précède, nous avons nécessairement dû supposer que les créanciers en concours avaient successivement traité avec le débiteur. Il est un cas, en effet, où il est impossible de concevoir l'application de notre règle : *prior tempore potior jure,* celui où les créanciers hypothécaire auront traité en même temps avec le débiteur. Ici, du reste, deux hypothèses peuvent se présenter : ou les créanciers ont reçu hypothèque chacun pour partie, ou ils ont reçu hypothèque l'un et l'autre pour le tout : *in solidum.* Examinons successivement ces deux cas :

1° Une chose est hypothéquée simultanément à

deux créanciers, mais chacun des créanciers n'a reçu hypothèque que sur une part indivise de la chose. A proprement parler, il n'y a pas de concours : les deux hypothèques ne portent pas sur le même objet, car elles frappent chacune une part indivise différente. Les deux créanciers peuvent intenter l'action hypothécaire *pro parte,* soit contre les tiers, soit l'un contre l'autre. Il pourrait cependant s'élever une difficulté sur la question de savoir dans quelle mesure chacun des créanciers aura hypothèque. Auront-ils hypothèque chacun pour moitié, ou chacun proportionnellement à leur créance? Comme il n'y a pas de raison pour supposer que le débiteur ait voulu favoriser un des créanciers au détriment de l'autre, la dernière solution est préférable. Elle nous est, du reste, donnée par Marcien (loi 16, § 8, 20, 1) : *Et magis est ut pro quantitate debiti pignus habeant obligatum.* Cependant il ne faut voir ici, bien entendu, qu'une interprétation de volonté qui tombera devant l'intention contraire des parties formellement exprimée.

2° Les deux créanciers ont reçu en même temps hypothèque *in solidum.* Ces deux créanciers ont deux droits identiques, puisqu'ils ont reçu hypothèque l'un et l'autre pour la totalité, et que ces deux hypothèques ont été conférées en même temps. Contre les tiers, chacun d'eux aura, par suite, action pour le tout. Cette solution nous est donnée par Ulpien (loi 10, 20, 1, Dig.) : *Singuli in solidum adversus extraneos Serviana utentur*. Mais qu'arrivera-t-il si l'un des créanciers vient à agir non pas contre un tiers, mais contre son cocréancier, qui se trouve en possession de l'objet hypothéqué? Le créancier qui a la possession dira à l'autre : Vous avez un droit égal au mien, je ne le conteste pas ; mais moi, j'ai la possession ; par suite, je vous dois repousser : *In pari causa melior est causa possidentis*.

Cette solution nous est formellement donnée dans cette même loi 10. Mais si telle était la doctrine en vigueur au temps de Justinien, il est beaucoup plus douteux qu'Ulpien ait admis un semblable système. Il est plutôt probable que les commissaires de Justinien ont remanié le texte de la loi, en lui donnant un sens qu'il n'avait pas dans le principe : *Si pluribus res simul pignori detur æqualis omnium causa est*, nous dit Paul (loi 20, § 1, 13, 7). Il semble bizarre que le fait d'un des créanciers d'avoir la possession de la chose, suffise pour rompre cette égalité, alors que chacun de ces créanciers, par suite de l'hypothèque qui lui est consentie, a une action réelle, que des textes au Digeste et au Code qualifient même de *vindicatio pignoris*. Or, si nous supposons, par exemple, un legs *per vindicationem*, fait à deux colégataires, la possession de l'un ne mettra pas obstacle à la revendication *pro parte* de l'autre : *concursu partes fiunt*. De même, en cas de concours entre deux usufruitiers, l'usufruit se divisait. Pourquoi n'en serait-il pas de même pour l'hypothèque ? Du reste, cette doctrine, je la crois trouver précisément dans un texte d'Ulpien ; c'est la loi 2 (Dig., *De Salviano interdicto*, 43, 33).

Ulpien nous dit que si le conflit s'engage entre deux bailleurs d'un fond rural sur l'interdit Salvien : *Possessor vincet et erit descendendum ad Servianum judicium.* N'est-ce pas comme si le jurisconsulte disait : *Et erit descendendum ad Servianum judicium in quo possessor non vincet.* A quoi servirait autrement au demandeur de recourir à l'action Servienne, s'il devait encore échouer contre le possesseur ? C'est qu'en effet, quand il s'agit d'une décision provisoire, on comprend que le possesseur l'emporte ; mais quand il s'agit de régler la situation des parties d'une manière définitive, je ne crois pas que la simple possession par un créancier puisse faire échouer l'action réelle de l'autre. Quoi qu'il en soit, il est incontestable que la doctrine formellement enseignée par la loi 10 était la doctrine en vigueur au temps de Justinien.

DEUXIÈME PARTIE

Du droit accordé à un créancier hypothécaire de prendre la place d'un autre créancier hypothécaire.

16. — L'hypothèque est un droit réel accessoire. Rigoureusement donc elle devrait s'éteindre avec le droit principal dont elle garantit l'exécution. Mais cette conclusion, qui eût souvent blessé l'équité, dans plusieurs cas le droit romain ne l'a pas admise, comme nous l'allons voir dans la suite.

17. — Nous avons indiqué quels avantages considérables étaient accordés au premier créancier hypothécaire. Mais si les créanciers postérieurs étaient moins favorisés par la loi, leur hypothèque n'était pas cependant dépourvue de toute efficacité. Nous nous souvenons, en effet, que le créancier postérieur n'a pas seulement le droit, lorsque le premier créancier a opéré la vente et s'est payé sur le prix, d'exiger l'excédant de ce prix ; il peut encore, et c'est là une précieuse ressource, par le *jus offerendæ pecuniæ*, se substituer au droit du premier créancier en le désintéressant. Mais avant d'étudier le *jus offerendæ pecuniæ* proprement dit, nous devons examiner quelques autres cas dans lesquels on pouvait succéder aux droits du premier créancier.

18. — 1° La *successio in locum prioris creditoris* s'opérait au profit de celui qui avait acheté du débiteur la chose hypothéquée. Lorsqu'un tiers achète un bien hypothéqué et désintéresse, je suppose, le premier créancier hypothécaire, l'hypothèque n'en continue pas moins d'exister sur le bien au profit des créanciers hypothécaires non désintéressés. Le créancier qui monte au premier rang va donc exercer l'action *quasi-Servienne* contre le détenteur et le déposséder? Ce résultat serait, on le comprend, désastreux pour cet acquéreur qui perdrait à la fois et la chose et son prix. Aussi la loi lui permet-elle de convenir avec le débiteur que, désintéressant le premier créancier hypothécaire, il prendra sa place et pourra, par ce moyen, écarter l'action des créanciers postérieurs. Si nous supposons que cet acheteur, au lieu d'être un tiers, soit un des créanciers hypothécaires, nous donnerons la même solution. Un pareil résultat, ici comme dans les autres successions *in locum* que nous examinerons, ne peut blesser personne. Ce n'est pas assurément le débiteur qui pourrait s'en plaindre, ce ne sont pas davantage les créanciers hypothécaires postérieurs dont la condition n'est pas aggravée, car l'ancienne hypothèque qu'ils savaient bien être préférable à la leur, n'est jamais conservée que dans les limites primitives. Si donc un immeuble étant hypothéqué à Primus, Secundus et Tertius, Tertius achète du débiteur cet immeuble, convient expressément avec lui qu'il conservera son hypothèque et qu'il prendra la place de Primus et emploie le prix de son acquisition à désintéresser Primus; dans ce cas il se sera opéré à son profit une *successio in locum prioris debitoris* (Loi 17, 20, 4). D'après cette loi, nous voyons même que lorsque c'est un créancier hypothécaire acquéreur du gage qui paye un créancier antérieur à lui, la *successio* a lieu de plein droit à son profit, et il n'est pas nécessaire qu'il requière formellement la cession des droits de ce créancier antérieur. Mais dans l'exemple ci-dessus donné, Tertius, créancier hypothécaire, achetant l'immeuble, en devient propriétaire; il est dès lors impossible de comprendre qu'il puisse avoir une hypothèque sur sa propre chose. C'est pour cette raison que les textes ne nous disent pas à proprement parler qu'il aura une hypothèque, mais qu'il sera protégé : *tuendum eum justa defensione te tueri potes*.

L'acquéreur, du reste, peut forcer le créancier à recevoir son payement et à le subroger dans ses droits. La loi 19 de notre titre ne laisse aucun doute à cet égard. L'espèce prévue est la suivante : une femme a donné en dot à son mari un fonds de terre hypothéqué, elle meurt, instituant pour héritiers son mari, ses enfants et les enfants qu'elle avait eus d'un précédent mariage. Le créancier a le choix entre l'action personnelle qu'il peut diriger contre les héritiers solvables et l'action hypothécaire qu'il peut intenter contre le tiers détenteur du fonds hypothéqué : il opte pour cette dernière action. Scévola se demande alors si dans le cas où le *justus possessor* offrirait de le désintéresser, le créancier sera forcé de lui céder sa créance : *Quæro an si ei justus possessor offerat compellendus sit jus nominis cedere.* Scévola répond que le créancier y sera obligé. La solution donnée par cette loi est fort importante. On pourrait, en effet, se demander si en payant avec *successio,* l'acquéreur acquiert la créance du créancier désintéressé ou seulement le droit de repousser par voie d'exception la poursuite des autres créanciers hypothécaires. L'intérêt de la question est grand, car s'il acquiert la créance, il pourra agir contre les autres immeubles qui seraient hypothéqués au créancier pour sûreté de la dette qu'il vient d'éteindre. Nous venons de voir la solution donnée par la loi 19. On a opposé à ce texte la loi 12, § 1 (20-6), mais cette loi ne raisonne pas dans la même hypothèse, elle parle d'un *possessor* quelconque. La loi 3 (C. 8-19) semble plus embarrassante, elle paraît donner seulement à l'acquéreur d'un bien hypothéqué qui a désintéressé le premier créancier une exception contre les créanciers postérieurs non désintéressés. Néanmoins je n'hésite pas à croire que la bonne solution est dans la loi 19, ses termes sont formels. Quant à la loi 3 du Code, elle s'explique facilement : elle statue sur le cas le plus général, celui où il n'y a qu'un immeuble hypothéqué à la dette.

De ce que nous venons de dire il semble résulter que, si dans l'exemple donné plus haut, le créancier que Tertius a désintéressé et dans les droits duquel il est subrogé, avait comme garantie de sa créance, hypothèque sur des biens autres que ceux achetés par Tertius, Tertius aura hypothèque sur ces biens et pourra valablement agir contre eux.

2° Il pouvait y avoir encore subrogation aux droits du créancier hypothécaire dans le cas de cession d'action. Celui qui achetait une créance avait droit non-seulement à l'action personnelle de cette créance, mais encore à l'action relle hypothécaire : *Emptori nominis etiam pignoris persecutio præstari debet* (Loi 6, 18-4.) Cette cession pouvait même être exigée de certains débiteurs, je veux parler des *correi promittendi*, des *fidejussores* et des *mandatores pecuniæ credendæ*.

3° Un tiers peut encore succéder aux droits du créancier dans le cas suivant; pour cela, ce tiers en prêtant de l'argent au débiteur doit convenir avec lui que cet argent sera employé à désintéresser le premier créancier hypothécaire, dont alors il prendra la place et aura l'hypothèque sur le même bien (Loi 1, C. 8-19). A cet ordre d'idées nous devons rattacher la loi 12, § 8 (20-4). J'emprunte à Titius et lui donne hypothèque sur un fonds de terre; j'emprunte ensuite de Mævius et je lui déclare que le même fonds lui sera hypothéqué quand il cessera de l'être à Titius. Puis un troisième Tertius me prête de l'argent pour payer Titius et convient avec moi que le même fonds lui sera hypothéqué et qu'il prendra la place de Titius. La condition à laquelle est subordonnée l'hypothèque de Mævius est-elle accomplie, et ce créancier intermédiaire sera-t-il préféré au troisième? Marcien nous dit que non, le troisième créancier doit avoir ici la préférence sur le second. C'est qu'en effet la première hypothèque n'est pas éteinte, elle a seulement changé de propriétaire, si je puis ainsi parler. De la tête de Titius elle a été simplement transportée sur la tête de Tertius. Le paragraphe suivant prévoit une espèce analogue, mais ici Tertius avait hypothèque non-seulement sur l'immeuble engagé en premier lieu à Titius et Mævius, mais il avait en outre hypothèque sur d'autres biens. Il permet au débiteur de vendre ces derniers, à la condition que l'argent sera employé à désintéresser Titius, et qu'il succédera à ses droits. La solution est la même que précédemment. Tertius l'emportera sur Mævius, parce qu'en effet tout s'est passé comme s'il avait vendu lui-même les autres biens lui étant hypothéqués et remis l'argent au débiteur.

19. — Du *jus offerendæ pecuniæ.* — Il nous reste maintenant à parler pour terminer cette étude du *jus offerendæ pecuniæ.* Le *jus offerendæ pecuniæ* présente avec ces *successiones in locum prioris creditoris* dont nous avons parlé, deux différences principales.

Dans ces *successiones in locum*, en effet, le tiers qui veut prendre la place du premier créancier doit avoir tantôt le consentement du débiteur, tantôt celui du créancier ; au contraire, pour exercer le *jus offerendæ pecuniæ*, il n'est besoin ni de l'assentiment du débiteur ni de celui du créancier. En outre, les voies de *successio in locum*, précédemment étudiées, sont ouvertes aux simples créanciers chirographaires et même aux tiers aussi bien qu'aux créanciers hypothécaires ; le *jus offerendæ pecuniæ* est, au contraire, exclusivement réservé aux créanciers hypothécaires. (Loi 11, § 4 ; loi 12, § 6, 20-4 ; loi 1 et 10, C. 8-18.)

20. — *A qui appartient « le jus offerendæ pecuniæ. »* — Le *jus offerendæ pecuniæ* a été institué, cela n'est pas douteux, surtout au profit des créanciers postérieurs, afin de leur procurer des avantages qu'ils n'avaient pas. Il va, en effet, leur donner indirectement le droit de vendre ou de faire obstacle à une vente que se proposerait de faire le créancier antérieur et qui leur serait préjudiciable.

Le *jus offerendæ pecuniæ* appartient donc naturellement aux créanciers postérieurs. Mais, dès lors, on comprend qu'il puisse y avoir conflit entre ces derniers. Si plusieurs offrent en même temps, ou si après que l'un a acquis le premier rang, un autre veut user vis-à-vis de lui du même droit, comment alors régler le concours ? La solution de la question nous semble indiquée par la loi 20 à notre titre. Voici l'espèce qu'elle prévoit : J'ai hypothèque pour 20 sur un immeuble, mon débiteur emprunte ensuite 50 de Seius et lui hypothèque ce dont la chose qui m'est engagée surpasse ma créance, puis je prête encore 30, je suppose, sur le même immeuble, Tryphoninus se demande si l'excédant du prix de la chose sur ma première créance sera hypothéqué à Seius pour 50, ou à moi pour 30. Ici le jurisconsulte accorde la préférence à Seius en donnant la raison suivante : « Supposez, dit-il, que Seius soit prêt à vous payer 20, montant de votre première créance, alors il est conforme aux principes de décider que Seius aura la préférence pour le surplus du gage, et que s'il vous offre la somme que vous avez prêtée en premier lieu et les intérêts, vous ne viendrez qu'après lui pour la somme que vous avez depuis prêtée au même débiteur. » Il résulte donc de cette loi que Seius, placé entre deux hypothèques du même créancier, peut user du *jus offerendi* à l'égard de la première créance seule. Mais alors Seius ayant acquis le premier rang au préjudice du créancier postérieur, ce dernier n'a-t-il aucun moyen d'acquérir le droit de vendre ? La loi romaine est muette sur ce point, mais son esprit doit nous autoriser à décider qu'il pourra user du *jus offerendi* en remboursant à Seius et la somme par lui payée au premier créancier et le montant de la créance personnelle. Donc tout créancier postérieur peut exercer le *jus offerendæ,* et s'il y a conflit dans l'exercice de ce droit, la préférence se règle suivant l'ordre des rangs.

Nous devons maintenant nous demander si le premier créancier ne pourrait pas, s'il y avait intérêt, user du *jus offerendæ* vis-à-vis d'un créancier qui viendrait après lui. Il est possible, en effet, que ce premier créancier y ait intérêt, par exemple, s'il se trouvait en présence d'un second créancier voulant lui contester son droit de priorité. Nous devons, sans hésiter, je crois, accorder au premier créancier le *jus offerendi*. Je ne vois pas qui pourrait se plaindre de cette décision, qui nous est, du reste, formellement donnée par Paul dans ses *Sentences* (liv. 2, tit. 13, § 8), qui nous dit : « Le premier créancier peut, s'il le veut, rembourser un second créancier, bien qu'il lui soit préférable dans le rang de son hypothèque. » La loi 5 (C. 8, 18), semble, du reste, faire allusion à cette faculté donnée au premier créancier.

21. — *Contre qui le « jus offerendæ pecuniæ » peut être exercé.* — Le *jus offerendæ pecuniæ* peut être exercé contre tout créancier hypothécaire, quel qu'il soit, et cela même en supposant que ce créancier ait entre les mains, soit à titre de vente, soit à titre de *datio in solutum* l'objet hypothéqué. La loi 1 (C. 8, 20) permet au deuxième créancier hypothécaire d'exercer le *jus offerendæ* contre le premier créancier qui aurait acquis du débiteur la chose hypothéquée. De même la loi 6 (Dig. 20, 5) suppose que le deuxième créancier a acquis l'objet hypothéqué du premier créancier. Il semble qu'une pareille vente doive purger les hypothèques et conférer à l'acquéreur un droit définitif sur la chose achetée; cependant il peut être évincé par le *jus offerendæ pecuniæ*. Quel est le motif de cette décision? C'est qu'il faut, dit le texte, s'attacher plutôt à la réalité de l'opération qu'à la dénomination que les parties lui ont données; or l'acheteur ici : *Non tam adquirendi dominii quam servandi pignoris sui causa intelligitur pecuniam dedisse, et ideo opponi ei a debitore potest.* C'est pour une semblable raison que les lois 2 et 5, § 1 (20, 5), permettent d'exercer le *jus offerendæ* contre les fidéjusseurs qui auraient acheté la chose hypothéquée et en réalité ne voulaient qu'acquérir le bénéfice du gage. Nous pouvons, du reste, ajouter que les relations entre le fidéjusseur et le débiteur dont il garantit la dette, doivent se régler suivant la bonne foi; or, c'est de la part des fidéjusseurs agir contre la bonne foi, que de profiter de la situation du débiteur pour acheter à bas prix la chose hypothéquée. Aussi le *jus offerendæ* pourra-t-il être exercé contre lui, soit par le débiteur, soit par les créanciers (loi, 59, § 1, 17, 1); (lois 2 et 5, § 1, 20, 5). Enfin, le *jus offerendæ* pourra encore être exercé à l'encontre d'un tiers acheteur du gage, mais seulement quand le débiteur a vendu le gage sans le concours du créancier antérieur, quoiqu'il ait employé le prix à le satisfaire, et non lorsque le créancier antérieur a lui-même vendu régulièrement le gage auquel cas toutes les hypothèques postérieures sont éteintes (loi 3, 20, 5).

22. — *Conditions du « jus offerendæ pecuniæ. »* — La

successio in jus résultant du *jus offerendæ* a lieu de plein droit. Le créancier postérieur n'a besoin de faire aucune réquisition. Le payement qu'il fait ne peut, en effet, s'expliquer autrement que par le désir d'acquérir la place du premier créancier. Au créancier qu'il désintéresse il doit du reste payer ce que celui-ci aurait le droit d'exiger du débiteur. Ce remboursement doit être intégral et par suite comprendre le capital et les intérêts. (Loi 12, § 6, 20, 4). Si le créancier exerce le droit vis-à-vis d'un tiers qui a acquis la chose hypothéquée, il doit lui rembourser tout ce qu'il a dépensé pour l'acquisition de cette chose; de plus, il doit lui tenir compte des intérêts courus depuis le moment où l'acquéreur a déboursé la somme nécessaire à cette acquisition. (Loi 2 et 3, § 1, 20, 5.)

Si le premier créancier refuse de recevoir son payement, le créancier postérieur peut déposer régulièrement la somme, c'est la conséquence forcée de ce principe que le *jus offerendæ* peut être exercé malgré la volonté du créancier.

23. — Nous venons de voir qu'un créancier postérieur doit payer le premier créancier hypothécaire s'il veut prendre sa place et passer avant les créanciers intermédiaires. Mais le même résultat aura-t-il lieu, quand, au lieu de payer le premier créancier, un créancier postérieur se sera contenté de faire juger que lui-même est préférable à ce créancier? Paul répond négativement à la question dans la loi 16 (20, 4), dont voici l'espèce :

Claudius Félix avait hypothéqué le même fonds à trois créanciers, d'abord à Eutychiana, puis à Turbon, et en troisième lieu à Tertius. Eutychiana, n'ayant pas réussi à prouver son droit devant le juge dans un procès contre Tertius, avait succombé et n'avait pas fait appel. Turbon, agissant à son tour contre Tertius, succombe, mais il fait appel; devant le juge d'appel, se présente alors la question suivante : Tertius devra-t-il l'emporter sur Turbon parce qu'il l'a emporté sur Eutychiana qui est préférable à Turbon, ou bien celle-ci étant écartée, Turbon doit-il exclure Tertius? Ce qui pourrait faire penser que Tertius doit ici l'emporter, c'est que, dans le cas où il aurait remboursé Eutychiana, il passerait sûrement avant Turbon; mais Paul nous dit qu'il ne peut assimiler ces deux cas. On ne peut admettre que Tertius puisse se prévaloir contre Turbon d'un jugement où celui-ci n'a pas été partie, de même que si Turbon avait vaincu Tertius après que celui-ci a vaincu Eutychiana, Turbon ne pourrait opposer son jugement à celle-ci.

C'est qu'en effet, cette maxime : *Si vinco vincentem te a fortiori te vinco,* ne peut s'appliquer qu'autant que les adversaires sont dans des positions parfaitement identiques, et combattent avec les mêmes armes, si je puis ainsi parler. Or, on comprend parfaitement ici qu'Eutychiana, vaincue par Tertius, puisse triompher sur Turbon, de même que Tertius, victorieux d'Eutychiana, soit battu par

Turbon. Donc, Turbon doit conserver son droit entier sans préjudice de la première sentence. Dès lors, il est fort possible qu'il triomphe sur Tertius. Mais si Tertius est obligé de restituer l'immeuble Turbon, ce dernier, à son tour, devra le rendre à Eutychiana. Celle-ci, se trouvant dès lors à nouveau en présence de Tertius, va encore être évincée par ce dernier. Nous tournons dès lors dans un cercle sans fin. Cependant, il n'en sera pas toujours ainsi, il est fort possible, en effet, que si Eutychiana a succombé dans son premier procès avec Tertius, c'est que ce dernier étant en possession de la chose, et jouant le rôle de défendeur, elle n'a pu dans ce cas prouver son droit d'hypothèque. Plus tard, Tertius est vaincu par Turbon qui doit lui-même céder sa place à Eutychiana. Tertius revient alors et veut opposer le premier jugement rendu entre elle et lui. Eutychiana lui répondra alors : « Ce qui a été jugé entre nous c'est que je ne pouvais établir mon droit de priorité; aujourd'hui c'est une autre question, c'est moi qui suis en possession du gage, c'est à vous de prouver que vous m'êtes préférable. » Si Tertius échoue dans cette preuve, Eutychiana aura, à l'égard de tous le premier rang. Mais s'il triomphe, nous tombons alors, comme nous l'avons vu plus haut, dans une difficulté dont il est difficile de sortir. Remarquons cependant que, même dans ce cas, la difficulté ne pourra s'élever que s'il s'agit de savoir à qui appartiendra l'exercice de l'action hypothécaire tendant à obtenir la possession et le droit de faire vendre la chose hypothéquée ; s'il ne s'agit plus que de la distribution du prix entre les trois créanciers, la distribution se fera de la façon suivante : à l'égard de Turbon, Eutychiana doit être payée la première ; mais comme elle est primée par Tertius, Tertius prendra sa collocation, ce dont Turbon ne peut se plaindre, car ne venant qu'après Eutychiana, peu lui importe que la somme qu'elle doit prendre avant lui sur le prix, profite en définitive à Tertius ; puis viendra Turbon, ensuite Tertius pour sa propre créance, et s'il reste encore quelque chose, ce sera pour Eutychiana.

24.—*Effets du « jus offerendæ pecuniæ.* » — Le créancier hypothécaire qui a usé du *jus offerendæ pecuniæ* est alors deux fois créancier hypothécaire, au rang de son ancienne créance, et au premier rang pour la nouvelle créance, ce qui lui fait acquérir le *jus distrahendi*. Telle est la décision contenue dans la loi 11, § 4 (20, 4), où Gaius nous dit : « Si un créancier postérieur est prêt à payer au premier ce qui lui est dû, l'action hypothécaire lui appartiendra-t-elle si le premier créancier ne veut pas recevoir son remboursement ? » Et Gaius décide que cette action est inutile au premier, car il n'a tenu qu'à lui d'être payé. La loi 12, § 6, nous donne la même solution.

Ce même créancier, qui a usé du *jus offerendæ*, a le droit d'exiger du débiteur la somme représentant le capital remboursé au premier créancier, les intérêts du capital courus depuis le remboursement, les intérêts qu'il a versés au premier créancier, mais non les intérêts de ces intérêts, nous dit la loi 12, § 6 (20, 4). Si donc je suis premier créancier hypothécaire de 1,000 francs et qu'il me soit dû en outre 100 francs d'intérêts, Secundus, deuxième créancier hypothécaire, pour exercer le *jus offerendæ*, devra me rembourser 1,100 francs. Quant à lui, il a le droit d'exiger du débiteur ces 1,100 francs, plus les intérêts de 1,000 francs échus depuis le remboursement à moi fait et que le débiteur aurait été obligé de me payer si je n'avais été désintéressé. Mais Secundus ne peut réclamer les intérêts de 100 francs, à moi versés à titre d'intérêt, parce que, nous dit le texte, il n'est pas dans la situation d'un gérant d'affaires, car il n'a pas entendu faire l'affaire d'autrui, mais plutôt la sienne propre.

Une question controversée est celle de savoir si le créancier qui a usé du *jus offerendæ* succède seulement à l'hypothèque du créancier désintéressé ou acquiert en outre la créance de celui-ci, de telle sorte qu'il puisse exercer non-seulement l'action quasi-Servienne, mais encore l'action personnelle de l'ancien créancier. Le but du *jus offerendæ* semblerait indiquer qu'il faut restreindre la subrogation à l'hypothèque. Améliorer la position des créanciers postérieurs, empêcher que l'exercice de leurs droits ne soit subordonné au caprice du premier créancier qui pourrait aliéner la chose à un moment défavorable, tel est le but qu'on s'est proposé d'atteindre dans l'institution du *jus offerendæ pecuniæ*. Or ce but sera atteint, peut-on dire, si l'on substitue le créancier postérieur en date à l'hypothèque seulement du premier. Cependant je ferai remarquer qu'il ne serait pas contraire à l'équité d'admettre que le second créancier succède à la créance même du premier, car les textes sur ce point ne me semblent pas d'une clarté parfaite; je doute fort, du reste, que les jurisconsultes romains aient sérieusement discuté la question. La loi 11, § 4 (20, 4), parle bien, en effet, positivement de l'action hypothécaire, mais, d'autre part, la loi 3 (C. 8, 19) emploie les expressions : *in jus eorum successisti*, et la loi 4, *potestas est ut succedas etiam in jus*.

25. — Nous devons faire remarquer, en terminant, qu'il peut arriver que le premier créancier se succède à lui-même. Cette hypothèse est prévue par la loi 3 (20, 4) : un créancier, nous dit Papinien, a reçu en gage des choses que le débiteur, par une nouvelle convention, hypothèque à un second créancier. Le premier créancier, faisant ensuite novation, fait ajouter de nouveaux gages au premier. Papinien décide qu'il conservera le rang de créancier le plus ancien, comme se succédant à lui-même. La loi 12, § 5 (20, 4), prévoit un cas analogue et y donne même solution. La novation, en effet, est un mode d'extinction d'une créance par la formation d'une nouvelle obligation. Les accessoires de cette créance, comme les hypothèques et cautions qui en assuraient le recouvrement, doivent, par suite, disparaître. Mais il est permis aux parties de stipuler que ces accessoires viendront s'attacher à la nouvelle créance, et que les hypothèques conserveront le rang qu'elles avaient d'après la convention primitive. Pour justifier cette solution, nous répèterons ici ce que nous avons précédemment dit. Ce résultat ne peut blesser personne, le débiteur ne peut s'en plaindre, la position des créanciers postérieurs n'est, du reste, pas aggravée; l'hypothèque qui leur était préférable n'étant jamais conservée que dans les limites primitives. Il fut donc admis que lorsque la novation avait lieu dans la personne du même débiteur par changement de dette ou de créancier, on donnerait à la seconde créance les hypothèques et le rang de la première. Remarquons, en terminant, et les textes ne laissent aucun doute sur ce point (loi 3, pr.; loi 12, §§ 5 et 21, 20,4), que le maintien de ces hypothèques devait faire l'objet d'une réserve expresse et formelle.

DROIT FRANÇAIS

ÉTUDE SUR LA SOCIÉTÉ DU CRÉDIT FONCIER DE FRANCE

INTRODUCTION

Je n'ai point la prétention de donner ici un *Traité* sur la *Société du Crédit foncier de France*. Les questions économiques et juridiques qui se rattachent à ce sujet sont si nombreuses et si variées qu'il me faudrait, pour les étudier toutes, entreprendre une tàche bien au-dessus de mes forces et dépasser les limites naturellement restreintes d'une *thèse*. Indiquer l'origine et le but de la Société, en examiner rapidement les opérations et les priviléges en la comparant aux banques foncières étrangères, en exposer les résultats obtenus, rechercher les résultats à en attendre, tel est le but que je me propose ici d'atteindre, tel est l'objet de cette étude.

PREMIÈRE PARTIE

ORIGINE DE L'INSTITUTION

1. — La Société du Crédit foncier a été fondée en France par le décret organique du 28 février 1852. Cette institution n'est point d'origine française ; depuis longtemps déjà elle fonctionnait en Allemagne. Avant donc d'étudier le décret du 28 février 1852, dans ses dispositions, dans l'exécution qu'il a reçue depuis, il est intéressant, il est utile de rechercher comment l'institution a pris naissance à l'étranger, et comment ensuite elle est venue s'établir et se constituer en France.

2. — C'est en Silésie que fut fondée, en 1770, la première institution de Crédit foncier. Le grand Frédéric était sorti victorieux de la guerre de Sept ans; mais une si longue guerre avait arrêté le commerce et l'industrie, et jeté le trouble au milieu des populations agricoles. La propriété foncière, pour redevenir prospère, avait besoin d'argent. Or, ses produits se vendaient à vil prix, et le taux de l'intérêt était élevé. Au mal il fallait un remède. Büring, négociant de Berlin, crut l'avoir trouvé.

Sur son initiative, fut créée la première société de crédit foncier. Fondée sous les auspices de Frédéric, elle fut dotée par lui de 300,000 écus de Prusse (1,125,000 fr.). Le succès de cette première entreprise provoqua peu à peu la création de sociétés analogues en Prusse et dans le reste de l'Allemagne. Ce système fut appliqué dans la Marche de Brandebourg, en 1777; dans la Poméranie, en 1781; à Hambourg, en 1782; dans la Prusse occidentale, en 1787; dans la Prusse orientale, en 1788; dans la principauté de Lunebourg, en 1791; dans le Schleswig et le Holstein, en 1811; dans le Mecklembourg, en 1818; dans le grand duché de Posen, en 1822; dans le royaume de Pologne, en 1825; dans la Bavière, en 1826; dans le Wurtembeg, en 1827; dans le Hanovre, en 1842; dans la Saxe, en 1844.

Il est incontestable que ces sociétés eurent une heureuse influence sur la diminution dans le taux de l'intérêt, et facilitèrent la libération de la dette territoriale. En outre, dans ce pays de féodalité par excellence, les biens des paysans étaient grevés envers les biens nobles d'une foule de charges féodales. Ces sociétés contribuèrent au rachat de ces charges.

3. — L'institution qui avait rendu ces services à l'étranger, ne pouvait manquer de venir se fonder dans notre pays, où l'appelaient des intérêts analogues. En France, en effet, la dette foncière était énorme, et la propriété ne pouvait emprunter qu'à des conditions onéreuses. Cette dette tendait à s'accroître tous les jours. Evaluée à 6 milliards en 1820, elle s'élevait à 8 milliards en 1840, produisant à 7 p. 100 un intérêt de 560 millions. Ajoutons à ce chiffre 240 millions, montant de l'impôt foncier, nous aurons pour représenter la dette foncière annuelle 800 millions. Or, à cette époque, la propriété immobilière, en France, était estimée approximativement 56 milliard, et son revenu brut 2 milliards. L'impôt foncier réuni à l'intérêt de la dette hypothécaire absorbait donc les 2/5e du revenu de la France. Alarmante au point de vue de l'intérêt général, une telle situation était ruineuse pour les débiteurs hypothécaires. De cette situation, quelles étaient les causes? Comment le propriétaire donnant sa terre en garantie, ne trouve-t-il que difficilement à contracter un emprunt, plus difficilement encore à le rembourser? Une première explication se trouve dans l'état de notre législation, antérieurement au 23 mars 1855. La propriété immobilière est le plus sûr et le plus solide de tous les gages, mais à une condition : il faut que les emprunteurs aient un moyen infaillible de reconnaître d'une façon certaine quel est le véritable propriétaire, quels sont les droits réels qui grèvent l'immeuble. Or, à l'époque où nous nous sommes placés, des hypothèques restaient occultes, la constitution de la propriété sans publicité vis-à-vis les tiers. Le procureur général Dupin avait donc pu dire avec raison, en 1840 : « En France, lorsque l'on achète, on n'est jamais sûr de devenir propriétaire; lorsque l'on prête sur hypothèque, on n'est jamais sûr d'être remboursé. » Ces vices de notre législation signalés par M. Casimir Périer, en 1826, puis par M. Troplong, par les jurisconsultes des cours d'appel, les professeurs aux facultés de droit, subsistèrent encore pendant de longues années. Repoussée par l'Assemblée législative, le 8 juin 1851, la réforme fut enfin consacrée d'une façon à peu près complète, par la loi du 23 mars 1855. Mais si une semblable réforme, en donnant au gage foncier une sûreté plus grande, et diminuant par suite les risques du prêteur, peut contribuer à diminuer le taux de l'intérêt, elle était par elle-même impuissante à amener la liquidation de la dette inscrite et à procurer aux débiteurs hypothécaires le moyen de se libérer des charges qui l'écrasaient.

Du reste, la situation de ces débiteurs ne provenait pas seulement des vices de notre législation. En y réfléchissant bien, nous en trouvons deux autres causes principales que nous résumons en deux mots : « l'attrait irrésistible qui s'attache à la possession de la terre lui donne une valeur vénale exagérée ; le prêteur, le plus souvent du moins, est obligé de recouvrer son capital dans un délai peu éloigné; or, le propriétaire emprunteur ne peut trouver dans les fruits de son travail le moyen de se libérer par un remboursement intégral et à courte échéance. » Voyez cet homme : une propriété immobilière, dont les revenus lui suffisent à peine, est toute sa fortune ; mais la terre de son voisin est à vendre. Cette terre arrondit si bien la sienne ! Il l'achète. Pour payer, il n'a pas d'argent. Il emprunte. Il emprunte à 6 ou 7 p. 100; sa terre nouvelle ne lui donne que 2 ou 3 p. 100 : il se ruine. Voyez cet autre : c'est un fils de famille ; il possède la terre de ses ancêtres; une dette relativement peu considérable la grève ; pour se libérer, il n'aurait qu'à vendre quelques lopins de terre; il préfère tout conserver et payer les intérêts de sa dette. Ces intérêts, bientôt, il ne les paye plus; il les laisse s'accumuler et s'ajouter au capital. Sa dette grossit tous les ans, dévorant son patrimoine; elle l'absorbe bientôt en entier. Il ne faut pas être un observateur bien profond pour reconnaître que c'est ainsi, le plus souvent, que les fortunes foncières s'écroulent et tombent. A ce mal, point de remède. Le propriétaire qui a acheté au-delà de ses ressources, ou qui, pour conserver, s'est grevé à l'excès, marche à une ruine certaine, à moins que, prenant une décision énergique, il vende ses biens quand il en est temps encore.

Mais supposons la situation de ce débiteur moins désespérée. Supposons que sur ses revenus il fasse des économies; avec ses économies même, il peut payer les intérêts de sa dette et amortir chaque année une partie du capital; qu'à son créancier pressé d'être payé à courte échéance, il lui en substitue un autre qui consente à être remboursé par fractions et à long terme, dans quelques années, il arrivera insensiblement à une libération totale et complète.

4. — Par là, nous apercevons déjà les avantages inespérés qu'un débiteur économe et travailleur peut attendre du crédit à long terme. C'est à ce mode de crédit que les institutions de crédit foncier allemandes avaient dû leur succès ; mais leur théorie était inconnue en France. En 1835, M. Wolowski la fit connaître et proposa d'établir des institutions semblables dans notre pays. L'idée de M. Wolowski, passée inaperçue d'abord, finit par attirer l'attention du gouvernement. En 1845, les conseils généraux furent consultés, et un inspecteur d'agriculture, M. Royer, fut envoyé en mission en Allemagne pour étudier le mécanisme et les effets des principaux établissements de crédit foncier. Les documents recueillis par M. Royer furent consignés par lui dans un rapport remarquable présenté à M. le ministre de l'agriculture et du commerce. La question, dès lors, sembla faire de plus rapides progrès. Après la révolution de février, l'organisation du Crédit foncier fut l'objet de plusieurs demandes auprès de l'Assemblée constituante. Demandée à cette époque par le Comité central d'agriculture, elle fut réclamée à nouveau par ce même comité, le 20 mars 1850. Peu après, le Conseil général des manufactures, de l'agriculture et du commerce, exprimait les mêmes vœux.

L'institution une fois reconnue comme utile, il y avait encore de grands obstacles à vaincre, une tâche considérable à remplir. Notre législation hypothécaire présentait en effet, nous le savons, de graves difficultés ; en outre, ce système de crédit n'avait été étudié en France qu'au point de vue théorique ; il fallait le mettre en pratique, l'organiser. C'est dans ce but qu'une réunion de propriétaires se fonda à Paris, sous le titre d'*Association centrale*. Elle nomma dans son sein une commission chargée de rédiger un projet de loi et un projet de statuts. Ces deux projets, approuvés en assemblée générale, furent distribués au Conseil d'État et à l'Assemblée législative. De son côté, le gouvernement préparait un projet de loi. En outre, M. Royer, suivant la mission qu'il avait reçue, avait dû limiter son travail à l'étude des principales associations de Crédit foncier étrangères ; dans ces associations même, de nouvelles modifications étaient survenues. Il y avait donc des documents anciens à compléter, des documents nouveaux à recueillir. Le gouvernement confia ce soin à M. J. B. Josseau (1). Ces documents réunis furent publiés peu après par le gouvernement ; ils contiennent des renseignements précieux sur les institutions du Crédit foncier et agricole qui existent dans les divers États européens. Presque en même temps, une proposition présentée à l'Assemblée législative par M. Wolowski, Loyer et Martin du Loiret, était envoyée à l'examen d'une commission.

De ces travaux préparatoires sortirent deux pro-

(1) M. J. B. Josseau, avocat, ancien député, administrateur de la Société du Crédit foncier, est l'auteur de plusieurs ouvrages fort remarquables sur les institutions du Crédit foncier, le régime hypothécaire et la législation agricole, ouvrages auxquels j'ai dû souvent recourir dans cette thèse.

jets de loi : 1° le projet du gouvernement, présenté à l'Assemblée législative le 8 août 1850 ; 2° le projet de la commission, déposé par M. Chegaray, rapporteur, dans la séance du 29 avril 1851. Ces deux projets, à peu près d'accord, d'ailleurs, différaient sur deux points essentiels : 1° le projet du gouvernement plaçait les obligations émises par les sociétés sous la garantie, jusqu'à concurrence des deux tiers, de l'État et du département. La commission législative, au contraire, avait repoussé le principe de cette garantie. 2° Le gouvernement, sans limiter le nombre des formes sous lesquelles les sociétés pourraient se produire, avait laissé à l'intérêt particulier une complète initiative. La commission, au contraire, mettait une limitation.

Ces deux projets présentaient donc au fond une différence considérable. Ce désaccord était loin d'assurer le succès de la loi devant l'Assemblée législative. Cependant, sa présentation était imminente quand le coup d'État du 2 décembre la rendit inutile. Le président de la République, profitant de son pouvoir dictatorial, instituait, dès le mois de décembre, une commission chargée de préparer la rédaction d'un projet sur le Crédit foncier. Ce projet, discuté et révisé dans des conférences tenues à l'Élysée, parut en décret le 28 février 1852.

Examiner ce décret du 28 février, l'exécution qu'il a reçue depuis, les modifications qu'il a subies, tel doit être maintenant le but de notre seconde partie.

DEUXIÈME PARTIE

5. — Le décret du 28 février 1852 est, nous l'avons déjà dit, la loi organique de la société du Crédit foncier de France, et les modifications apportées depuis n'ont rien changé à ses dispositions fondamentales.

Ce décret contient cinq titres qui traitent successivement : le premier, des sociétés de Crédit foncier en général ; le second, des prêts faits par ces sociétés ; le troisième, des obligations par elles émises ; le quatrième, des priviléges qui leur sont accordés ; le cinquième renferme des dispositions générales. Nous diviserons notre seconde partie en autant de titres correspondants. Toutefois, nous ne traiterons qu'en quatrième lieu, pour des raisons que nous verrons plus loin, des obligations émises par la société de Crédit foncier.

TITRE I

Théorie des institutions de Crédit foncier en général. — Création de la Société du Crédit foncier de France. — Bases de son organisation.

6. — Nous avons signalé dans notre première partie les principales causes de l'accroissement de la dette hypothécaire, et recherchant ensuite le remède à la situation, nous avons montré combien la position du débiteur serait améliorée si, à la dette qu'il doit intégralement payer à une échéance peu éloignée, il pouvait en substituer une autre remboursable par fractions et à long terme. Or le but de la société de Crédit foncier est précisément de procurer au débiteur un prêt remboursable par annuités. (Décret du 28 février 1852, art. 2.) Un propriétaire d'immeubles a besoin, je suppose, de 20,000 francs ; il adresse au Crédit foncier une demande d'emprunt dans laquelle il indique la valeur de sa propriété. Cette valeur une fois vérifiée par la société, il est admis à souscrire un engagement hypothécaire et reçoit la somme dont il a besoin. Pendant cinquante ans, s'il a pris ce terme, il payera une annuité représentant à peu près le taux de l'intérêt légal. Or, cette annuité comprenant non-seulement l'intérêt et les frais d'administration, mais encore une petite portion du capital, au bout des cinquante années, par l'effet de l'intérêt composé, la dette se trouvera complétement éteinte. L'emprunteur trouve donc dans ce mode de remboursement un avantage évident ; mais cet avantage, comment la société peut-elle le lui fournir ? Le voici : au moment où elle réalise le prêt, elle est autorisée à créer pour 20,000 francs d'obligations ; ces obligations, elle les négocie aussitôt et par suite recouvre immédiatement une somme égale à celle qu'elle a donnée à l'emprunteur. Sur l'annuité qu'elle reçoit de l'emprunteur, elle prélève une somme nécessaire pour servir l'intérêt aux porteurs des obligations; une autre portion est mise de côté pour le remboursement annuel, par voie de tirage au sort, d'un certain nombre d'obligations. Le surplus, s'il excède les frais d'administration, sera conservé à titre de bénéfice. Mais ces obligations, remarquons-le, représentent des valeurs n'ayant pas d'époque fixée d'exigibilité; car la Société ne peut prendre vis-à-vis les capitalistes que des engagements correspondants à ceux des propriétaires vis-à-vis elle. Elle paye ses créanciers comme ses débiteurs la payent elle-même. Donc ces lettres de gage, pour être acceptée doivent fournir des garanties et des facilités que l'on ne rencontre pas dans les créances ordinaires. Par suite, le gage hypothécaire doit être d'une solidité parfaite; il faut que la société puisse remplir ses engagements d'une façon régulière; il faut que le public en ait la certitude; il est enfin indispensable que les obligations soient d'une négociation facile. Ces conditions nécessaires pour le succès d'une société de crédit foncier, le décret du 28 février a donné, comme nous le verrons les moyens de les remplir.

Telle est la théorie du décret. C'est le système allemand : la libération à long terme par l'amortissement successif.

7. — Aux termes des articles 1 et 2 du décret, les sociétés de crédit foncier doivent être « autorisées par le président de la République, conseil d'État entendu ; elles jouissent alors des droits et sont soumises aux règles déterminées par le présent décret. » Du reste, « l'autorisation est accordée soit à des sociétés d'emprunteurs, soit à des sociétés de prêteurs. » Les sociétés d'emprunteurs forment plutôt des agences de prêts que des banques proprement dites. Ce sont les propriétaires qui s'associent pour emprunter, dans le but unique de se procurer de l'argent à meilleur marché, plus facilement remboursable. Par suite, ces sociétés fonctionnent dans l'intérêt exclusif des emprunteurs, sans retenir aucun bénéfice pour elles-mêmes (1). Les sociétés de prêteurs, au contraire, sont créées non-seulement dans l'intérêt des emprunteurs, mais encore dans celui des prêteurs. Elles ont pour but de rendre service aux propriétaires ; elles se proposent aussi de tirer profit de leurs opérations. Ces deux formes d'association étaient autorisées par le décret qui n'excluait pas, du reste, toute autre combinaison nouvelle, pourvu

(1) Cette première forme de société est la plus répandue à l'étranger. Dans cette catégorie doivent être rangées : en Prusse, la Société de Poméranie; en Russie, les Banques de crédit pour les provinces Baltiques, la Livonie, l'Esthonie et la Courlande, et la Société de Crédit foncier de Pologne; en Autriche, la Société de la Gallicie. Il y a en outre plusieurs sociétés de ce genre dans le Wurtemberg, la Saxe, le Hanovre, à Hambourg et dans le Danemark. Parmi les sociétés de prêteurs nous remarquons : la Banque hypothécaire et d'escompte du royaume de Bavière, celle du grand duché de Hesse-Darmstadt; en Belgique, la Caisse des propriétaires et la Caisse hypothécaire.

qu'elle fût en harmonie avec les bases fondamentales par lui fixées. Mais, hâtons-nous de le dire, le décret ne reçut qu'une exécution incomplète, car il ne s'est formé en France que des sociétés de prêteurs. Mentionnons encore ici les articles 3 et 5 du décret. Le premier portait : « Les sociétés sont restreintes à des circonscriptions territoriales que le décret d'autorisation déterminera. » Le principe de la pluralité des sociétés étant admis, il eût été dangereux, en effet, de permettre à ces sociétés de se faire concurrence sur le même terrain. Le second contenait la disposition suivante : « Pour faciliter les premières opérations des sociétés, l'État et les départements peuvent acquérir des lettres de gage. La loi des finances fixera chaque année le maximum des sommes que le Trésor pourra affecter à cet emploi. » Rappelons encore que le décret du 22 janvier 1852 (art. 7) affectait dix millions sur les biens confisqués de la famille d'Orléans, à l'établissement des institutions de crédit foncier.

8. — Par ce qui précède, nous pouvons voir quelles facilités étaient accordées à la création des établissements de crédit foncier, et nous avons déjà fait prévoir les priviléges dont ils étaient investis. Le décret du 28 février ne pouvait donc rester longtemps sans exécution. Un mois après sa publication, une grande société se fondait à Paris, au capital de 25 millions. Autorisée par un décret du 28 mars 1852, elle reçut un privilége de vingt-cinq ans pour le ressort de la Cour d'appel de Paris. Le 3 juillet 1852, ses statuts étaient approuvés par un nouveau décret : elle prenait alors le nom de *Banque foncière de Paris*.

Avaient également été autorisées les Sociétés de Crédit foncier de Marseille et de Nevers : la première, par un décret du 12 septembre 1852, lui donnant un privilége dans le ressort de la Cour d'Aix ; la seconde, par un décret du 28 octobre de la même année ; le privilége de cette dernière s'étendait aux départements de la Nièvre, du Cher et de l'Allier. D'autres sociétés importantes, parmi lesquelles celles de Lyon et de Toulouse, étaient près d'obtenir l'autorisation, quand intervint entre le ministre de l'intérieur et la Banque foncière de Paris la convention du 18 octobre 1852. Cette convention, approuvée par le décret du 10 décembre suivant, autorisait la *Banque foncière de Paris* à s'incorporer les sociétés de Marseille et de Nevers (1), et étendait son privilége à tous les départements où il n'existait pas encore d'associations de crédit foncier.

Ce décret, nous le voyons, renverse complétement le régime de liberté inauguré par le décret du 28 février. Ce changement, je n'hésite pas à le dire, était nécessaire, indispensable. Reportons-nous, en effet, à la théorie du crédit foncier : faire

(1) Les Sociétés de Marseille et de Nevers ont été incorporées à la Société de Crédit foncier : la première, par un traité du 12 décembre 1853 ; la seconde, par un traité du 22 novembre 1854, approuvés par le décret du 28 juin 1856.

accepter aux capitalistes en échange de numéraire des obligations est la base de tout le système. Or, supposez une société de crédit foncier ayant un privilége pour un seul département. Elle reçoit des demandes d'emprunt, elle émet des obligations. Ces obligations, par qui pourront-elles être acceptées? Par les capitalistes du département, qui seuls peuvent s'enquérir du crédit de l'association. Mais les capitalistes, dans des limites aussi restreintes, peuvent faire défaut, ou, s'il y en a, ils hésiteront à prendre des lettres de gage qui, en dehors du département n'étant pas connues, ne peuvent être négociées qu'avec perte. Supposez, au contraire, une institution unique rayonnant par de nombreuses succursales dans tous les départements. Le porteur de ces lettres de gage n'aura point à rechercher dans quelle succursale l'émission a eu lieu, car, pour toutes, les garanties sont les mêmes; il pourra négocier son obligation partout, à peu près au même prix, toucher l'intérêt et le capital à la succursale qui lui conviendra le mieux. Cette société pourra seule faire accepter ses obligations, car en les émettant, elle frappe, pour ainsi dire, une monnaie qui aura un cours facile et égal dans toute la France. Donc ces sociétés indépendantes, qui se fondaient en France, il fallait les remplacer par un grand établissement central unique ayant le monopole. Ce changement, le décret du 18 octobre 1852 l'apporta.

9. — La *Banque foncière* prit alors le nom de

Société de Crédit foncier, et reçut de l'État une subvention de 10 millions. La Société de Crédit foncier s'engageait de son côté à porter son fonds de garantie de 25 à 60 millions, dont la moitié devait être immédiatement souscrite, et prêter sur hypothèque jusqu'à concurrence de 200 millions, à raison d'une annuité de 5 p. 100, comprenant l'intérêt, l'amortissement, les frais d'administration et éteignant la dette en cinquante années. La Société de Crédit foncier devenait, pour ainsi dire, comme on le disait alors, la Banque nationale de la propriété immobilière; elle recevait un privilége considérable; elle était investie d'un monopole. Mais par là même, ses charges grandissaient. Dès lors, pour accomplir l'œuvre nouvelle qui lui était confiée, il fallait que son organisation fût fortifiée, ses bases affermies. C'est ce que fit le décret impérial du 6 juillet 1854. Confiée d'abord à la triple surveillance de commissaires spéciaux, d'inspecteurs des finances et d'une commission permanente, le Crédit foncier, par un décret du 28 juin 1854, entra dans les attributions du ministre des finances; le 6 juillet 1854, un décret en faisait un établissement public placé sous la direction d'un gouverneur et de deux sous-gouverneurs nommés par l'État (1).

Les statuts de la société modifiés, comme nous

(1) La plupart des institutions de crédit foncier à l'étranger sont établies sous la surveillance de l'Etat. Il en est même qui sont exclusivement dirigées et régies par lui. Tels sont les établissements de Crédit territorial de Hanovre, de la Hesse-Electorale, du duché de

le verrons par suite de ce décret, ont été approuvés par décret impérial du 16 août 1859. Dans l'article 4 de ces statuts, il était stipulé que le chiffre des actions émises par le Crédit foncier devrait être maintenu dans la proportion au moins du vingtième des obligations en circulation. Or, en 1866, les obligations en circulation atteignaient 1,200 millions, représentant vingt fois le capital social fixé à 60 millions. On ne pouvait dès lors émettre de nouvelles obligations sans violer les statuts. Il fallait donc des modifications nouvelles, elles furent demandées par l'assemblée générale le 25 avril 1867, réalisées par acte authentique, en date du 6 avril 1869, et approuvées par le décret impérial du 7 août suivant.

10. — L'organisation de la Société de Crédit foncier est donc aujourd'hui fixée par les statuts des 3 août 1859 et 6 août 1869. Nous allons en donner un résumé rapide.

Objet de la société. — « La Société a pour but (art. 1er des statuts) : 1° de prêter sur hypothèque aux propriétaires d'immeubles des sommes remboursables, soit à long terme par annuités, soit à court terme avec ou sans amortissement; 2° de créer et de négocier les lettres de gage ou obligations foncières pour une valeur qui ne peut dépasser le montant des sommes dues par ses emprun-

Nassau, du royaume de Saxe et de Brême. Il existe également en Prusse, et surtout en Russie, plusieurs institutions de crédit foncier exclusivement dirigées par le gouvernement.

teurs. Elle peut appliquer, avec l'autorisation du gouvernement, tout autre système ayant pour objet de faciliter les prêts sur immeubles, l'amélioration du sol, les progrès de l'agriculture et l'extinction de la dette foncière. » Les opérations de la société ont été considérablement étendues. L'article 2 mentionne une de ces extensions que nous étudierons plus loin. La durée de la société (art. 3) est de quatre-vingt-dix-neuf ans, à partir du 30 juillet 1852. Son siége et son domicile sont établis à Paris. Elle a pour représentant dans les départements les receveurs généraux et particuliers des finances.

Fonds social. — Le fonds social, d'abord de 60 millions, a été porté à 90 millions par le décret du 6 août 1869. Ce fonds social est affecté à la garantie des engagements sociaux et spécialement des obligations foncières ou communales. Il se divise en cent quatre-vingt mille actions de 500 francs, entièrement émises aujourd'hui et libérées, chacune de 250 francs.

Administration. — « Conformément au décret du 6 juillet 1854, la direction des affaires de la société est exercée par un gouverneur (art. 18). Deux sous-gouverneurs remplissent les fonctions qui leur sont déléguées par le gouverneur et dans l'ordre de nomination, ou celle du gouverneur en cas d'absence, vacance ou maladie (art. 21). Le gouverneur nomme et révoque les agents de la société, et pourvoit à l'organisation des services. Il signe la correspondance, fait le recouvrement des sommes dues à la société, signe toutes les quittances et l'acquit des effets, les mandats sur le Trésor, etc..... Il fait tous actes conservatoires et représente la société vis-à-vis des tiers, et exerce les actions judiciaires... Il signe les titres d'actions et vise les obligations ou lettres de gage (art. 22). Le gouverneur peut exercer par mandataires tous les pouvoirs qui lui sont délégués pour un ou plusieurs objets déterminés. »

Conseil d'administration. — « Le conseil d'administration se compose du gouverneur, des sous-gouverneurs, des administrateurs et des censeurs art. 24). Les administrateurs sont au nombre de vingt. Ils sont nommés par l'assemblée générale des actionnaires... Ils se renouvellent par cinquième chaque année. Ils peuvent toujours être réélus. Le conseil délibère (art. 34) sur les affaires de la société autres que celles réservées exclusivement au gouverneur, notamment sur tous traités, transactions, compromis, emplois de fonds, achat, s'il y a lieu, de biens immeubles, sur les conditions générales des contrats, les demandes de prêts, l'émission des obligations..., sur les propositions à faire à l'assemblée relativement aux modifications à apporter aux statuts..... Nulle délibération ne peut être exécutée, si elle n'est pas approuvée par le gouverneur et revêtue de sa signature. »

Censeurs. — « Les censeurs (art. 36) sont au nombre de trois, ils sont nommés par l'assemblée générale. Leurs fonctions durent trois années, ils peuvent être réélus. Ils sont chargés (art. 37) de la stricte exécution des statuts... Ils ont droit, quand leur décision est prise à l'unanimité, à requérir une convocation extraordinaire de l'assemblée générale. »

Assemblée générale. — « Elle se compose des deux cents plus forts actionnaires dont la liste est arrêtée par le conseil d'administration, vingt jours avant la réunion de l'assemblée (art. 42). L'assemblée est régulièrement constituée quand les membres présents sont au nombre de quarante et réunissent dans leurs mains le dixième des actions émises... Elle est présidée par le gouverneur, dont elle entend le rapport sur les affaires sociales, et délibère sur les propositions qui lui sont soumises par le conseil d'administration. A la fin de chaque année un inventaire de l'actif et du passif est dressé par les soins du gouverneur (art. 88). Les comptes sont arrêtés par le conseil d'administration et soumis à l'assemblée générale. »

Partage des bénéfices. — « Sur les bénéfices réalisés (art. 89), on prélève annuellement : 1° 5 p. 100 du capital versé sur les actions pour être répartis à tous les actionnaires; 2° une somme qui ne peut excéder 20 p. 100 du surplus affectée au fonds de réserve obligatoire dans la proportion déterminée par le conseil d'administration.... Ce qui reste complète le dividende à répartir entre toutes les actions émises. »

Fonds de réserve obligatoire. — « Le fonds de réserve obligatoire (art. 91) se compose de l'accumulation des sommes produites par le prélèvement annuel opéré sur les bénéfices... Lorsque le fonds de réserve atteint la moitié du fonds social souscrit, le prélèvement affecté à sa création cesse de lui profiter... Ce fonds de réserve est destiné à parer aux événements imprévus. En cas d'insuffisance des produits d'une année pour fournir un dividende de 5 p. 100 par action, la différence peut être prélevée sur le fonds de réserve. »

Modifications aux statuts. Dissolution et liquidation.— « L'Assemblée générale (art. 92) peut, sur la proposition du gouverneur et sauf l'approbation du gouvernement, apporter aux statuts les modifications délibérées par le conseil... En cas de perte de la moitié du capital social souscrit, la dissolution de la Société peut être prononcée avant l'expiration du délai fixé pour sa durée par une décision de l'Assemblée générale. »

Ajoutons qu'aux termes de l'article 95, toutes les contestations qui peuvent s'élever entre les associés sur l'exécution des statuts, sont soumises à la juridiction des tribunaux de Paris. Enfin, d'après l'article 2 du décret du 7 août 1869, un état de situation, arrêté à la fin de chaque mois, doit être publié dans l'un des journaux du département de la Seine, et copie doit en être remise au ministre de l'agriculture et du commerce et au ministre des finances.

11. — Les bases de l'organisation du *Crédit fon-*

cier nous étant connues, abordons maintenant l'étude de ses opérations, et d'abord, suivant l'ordre que nous avons adopté, occupons-nous des prêts faits par la Société.

TITRE II

Des prêts faits par la Société de Crédit foncier.

12. — Aux termes du décret du 28 février 1852, la Société de Crédit foncier devait se borner : 1° à faire des prêts hypothécaires remboursables par annuités et à long terme ; 2° émettre des obligations ou lettres de gage, toutes autres opérations lui étaient défendues.

Depuis, nous le savons, de nombreuses dispositions législatives sont venues modifier l'organisation de cette société et, étendant ses opérations, l'autoriser successivement :

1° A faire des prêts hypothécaires à court terme et sans amortissement (Décret du 6 juillet 1854), et des prêts à court terme avec amortissement (Décret du 16 août 1859);

2° A recevoir des capitaux en comptes courants et à faire des avances sur obligations foncières ou autres titres admis par la Banque de France (Décrets des 28 juin 1856 et 7 août 1869);

3° A faire des prêts pour le drainage (Loi du 28 mai 1858);

4° A prêter même sans hypothèque aux départements, aux communes et aux associations syndicales, les sommes qu'ils auraient obtenu faculté d'emprunter (Loi du 6 juillet 1860).

Ces dispositions législatives, se rapportant aux prêts que peut faire le Crédit foncier ou aux opérations s'y rattachant, trouvent naturellement ici leur place ; nous les étudierons sous ce titre, elles feront l'objet de nos quatre chapitres suivants. Dans un cinquième chapitre, nous examinerons les opérations que la Société est autorisée à faire avec le *Sous-Comptoir des entrepreneurs* (Loi du 26 mai 1860). Dans un sixième chapitre, nous parlerons de la faculté accordée au Crédit foncier d'étendre son privilége au territoire de l'Algérie (Loi du 11 janvier 1860).

CHAPITRE I

DES PRÊTS HYPOTHÉCAIRES

13. — Des décrets du 28 février 1852, 6 juillet 1854, 16 août 1859, il résulte que le Crédit foncier peut faire : 1° des prêts remboursables par annuités et à long terme; 2° des prêts à court terme sans amortissement; 3° des prêts à court terme avec amortissement. Les prêts à long terme sont faits pour une durée de dix ans au moins, soixante ans au plus (art. 51 des statuts). L'annuité est calculée par suite, de façon à amortir la dette dans le délai choisi. Les prêts à court terme avec ou sans amortissement sont ceux remboursables dans un délai inférieur à dix années. Ils sont fort rares. Le Crédit foncier a même cessé d'en faire sans amortissement depuis 1860. Les prêts hypothécaires à long terme sont donc à peu près les seuls que fasse la Société. Quelles règles doit-elle observer pour consentir ces prêts? Dans quelles formes les particuliers doivent-ils formuler leur demande d'emprunt? Comment ensuite les prêts seront-ils réalisés? Comment, plus tard, les emprunteurs pourront-ils se libérer envers la Société? C'est ce que nous allons examiner dans les quatre sections qui suivent.

SECTION I

Des conditions des prêts.

14. — La loi, dans l'intérêt même de la Société de Crédit foncier, devait assujettir ses prêts à des conditions générales. Ces conditions, nous les trouvons énumérées dans le décret du 28 février 1852, et dans les statuts de la société où elles font l'objet du titre 4, articles 51 à 73. Nous en extrayons les règles principales suivantes : 1° la Société ne peut prêter que sur première hypothèque, excepté dans les cas prévus par les lois et décrets existant (art. 6 décret du 28 février 1852, art. 52 des statuts); 2° le prêt ne peut, en aucun cas, excéder la moitié de la valeur de la propriété (art. 7, décret du 28 février, art. 56 des statuts); 3° la société n'accepte pour gage que les propriétés d'un revenu durable et certain. Une quatrième condition était imposée par l'article 8 du décret du 28 février, celle de purger :

1° les hypothèques légales, sauf le cas de subrogation, par la femme, à cette hypothèque; 2° les actions résolutoires ou rescisoires et les priviléges non inscrits. Mais ces dispositions ont été abrogées par l'article 2 de la loi du 10 juin 1853 qui, comme nous le verrons, a rendu la purge facultative.

I. — PREMIÈRE RÈGLE.

15. — « *La Société de Crédit foncier ne peut prêter que sur première hypothèque* (art. 52 des statuts). Sont considérés comme faits sur première hypothèque les prêts au moyen desquels tous les créanciers antérieurs doivent être remboursés en capital et intérêts. » Qu'entendre ici par ces mots *créanciers antérieurs?* S'agit-il ici de tous les créanciers inscrits à une date antérieure au prêt effectué par la société? Évidemment non. Une pareille interprétation en forçant le débiteur qui s'adresse au Crédit foncier à emprunter une somme représentant la totalité de ses dettes hypothécaires, rendrait les prêts sur les biens hypothéqués par trop onéreux, le plus souvent même impossibles. Par les mots *créanciers antérieurs,* nous ne devons entendre que les créanciers qui *primeraient la société.* C'est dans ce sens que sont interprétés ces mots dans une circulaire ministérielle du 15 avril 1852. Si donc sur mon immeuble valant 50,000 francs, il existe trois créances hypothécaires, la première de 11,000 fr., la seconde de 9,000 fr., la troisième de 5,000 fr., je puis emprunter 11,000 francs au Crédit foncier, à la condition que le montant du prêt servira à éteindre la première créance. Si je veux éteindre la seconde créance seule, je suis obligé d'emprunter 20,000 francs dont 9,000 fr. seront employés à l'extinction de cette créance et 11,000 fr. mis de côté pour payer le créancier inscrit en première ligne. L'article 52, en effet, ajoute : « Dans ce cas la société conserve valeur suffisante pour opérer le remboursement. » Contrairement, en effet, à ce qui avait été décidé dans un premier projet, le législateur a cru qu'il ne pouvait forcer le créancier à recevoir inopinément son remboursement avant l'échéance. Le terme aurait pu, d'ailleurs, être stipulé en faveur de ce dernier, et, dans tous les cas, c'eût été donner naissance à des contestations, à des procès qui se trouveront par là même évités.

16. — Le Crédit foncier, pour pouvoir prêter, doit donc d'abord assurer premier rang à son hypothèque. Pour atteindre ce but, il a plusieurs moyens. Ce sont : 1° la subrogation de la société aux droits au rang du premier créancier. Nous en avons implicitement indiqué un mode dans l'exemple ci-dessus; 2° le consentement d'antériorité d'hypothèque ou de cession de rang hypothécaire par le créancier dont le privilége ou l'hypothèque primerait le Crédit foncier; 3° la main-levée; 4° la purge des hypothèques légales. Ce dernier moyen devant faire l'objet d'un chapitre spécial dans notre étude, nous ne nous occuperons ici que des trois premiers.

1° *Subrogation de la société aux droits des créanciers qui la primeraient.* — Le mode de subrogation qui est employé par la société est celui déterminé par l'article 1250-2° C. c. Cet article prévoit, en effet, le cas où un débiteur emprunte pour payer une dette préexistante. Il nous donne en même temps les formes dans lesquelles cette subrogation doit être faite. La Société de Crédit foncier arrive ainsi à assurer le premier rang à son hypothèque. Elle se substitue, en effet, aux premiers créanciers remboursés au moyen de la somme empruntée. Mais lorsqu'elle aura ainsi pris le rang des premiers créanciers inscrits, quelle sera sa situation vis-à-vis des créanciers inscrits dans un rang ultérieur pour le remboursement desquels l'emprunt n'a point été fait? Ces derniers doivent-ils subir toutes les conséquences de ce nouveau prêt et des priviléges donnés au Crédit foncier? L'affirmative n'est pas douteuse pour les créanciers inscrits postérieurement au décret du 28 février 1852 qui, n'étant pas censés ignorer la loi, ont dû prévoir en contractant avec le débiteur qu'il pourrait un jour emprunter au Crédit foncier. La question est plus délicate, s'il s'agit de créanciers inscrits antérieurement au décret. On peut dire, en effet, que ces derniers ont des droits acquis auxquels le législateur lui-même ne peut porter atteinte.

Pour répondre à la question, remarquons que la Société de Crédit foncier, qui rembourse un créancier antérieur, est à la fois et créancière et subrogée, elle a des droits qui lui proviennent de sa subrogation au lieu et place du créancier désintéressé, elle en tient d'autres de l'obligation à elle personnellement consenties par le débiteur. Comme subrogée, la Société de Crédit foncier n'a pas de droits plus étendus que ceux du créancier remboursé. Elle ne peut en rien porter préjudice aux créanciers intermédiaires; ainsi elle ne peut se faire colloquer au rang du créancier, auquel elle se sera fait subroger, pour des sommes excédant celles que ce créancier aurait eu lui-même le droit de prendre, par préférence dans l'ordre de son inscription. Mais, d'après le décret du 28 février, la Société a le droit d'exiger le capital et les intérêts par annuités; en cas de retard, les intérêts courent de plein droit, les tribunaux ne peuvent accorder de délai. Ces droits, l'emprunteur a consenti à les conférer à la Société; c'est comme créancière que cette société les exercera. Ces droits ainsi conférés portent-ils atteinte aux droits acquis des créanciers antérieurs au décret, et par suite, est-il interdit au débiteur de consentir semblable prêt à leur détriment? Je ne le crois pas. On ne peut contester, je crois, que le débiteur qui hypothèque ses biens conserve faculté d'en disposer, de les donner à antichrèse, d'en déléguer les revenus, le droit de contracter des emprunts à des conditions plus onéreuses; par exemple, à des termes rapprochés, à un taux d'intérêt plus élevé, pourvu qu'il n'excède pas 5 p. 100. Ces stipulations ne sont elles pas aussi désavantageuses à ses créanciers qu'un emprunt fait au Crédit foncier dans les conditions que nous savons, et dès lors la stipulation que le débiteur à faite avec la société, n'eût-il pas pu la faire avec un créancier ordinaire ? Pour ces raisons, j'incline à penser que les créanciers antérieurs au décret du 28 février doivent en subir les conséquences, car ce que le débiteur leur a promis : leur rang, leur garantie, il le leur conserve.

Dans les cas fort nombreux, du reste, où le Crédit foncier aura à se faire subroger à l'hypothèque légale de la femme mariée, il devra observer les règles de l'article 9 de la loi du 23 mars 1855, loi devenue exécutoire le 1er janvier 1856. Quant aux subrogations antérieures au 1er janvier 1856, elles sont restées régies par le Code civil, et dès lors, c'est par leur date que se règle la préférence. Lorsque le mariage des emprunteurs est antérieur au 1er janvier 1856, le Crédit foncier fait insérer dans le contrat de prêt, l'affirmation du mari et de la femme, que celle-ci n'a consenti antérieurement aucune subrogation, renonciation ou obligation solidaire. La subrogation à l'hypothèque légale équivalant à un acte d'aliénation, la femme ne peut pas toujours subroger à son hypothèque. Nous n'examinerons point les cas ou cette capacité lui est laissée. Cette étude nous entraînerait trop loin. Bornons-nous à dire que le Crédit foncier ne prête jamais avec subrogation à l'hypothèque de la femme, sans être certain de la validité de cette subrogation. C'est pourquoi toutes les fois qu'une femme est mariée sous le régime dotal, alors même que dans le contrat de mariage elle s'est réservé le droit d'aliéner et d'hypothéquer ses immeubles dotaux, le Crédit foncier n'accepte pas la subrogation par la femme dotale. Il ne consent alors à prêter qu'autant que la somme prêtée sert à rembourser par subrogation des priviléges régulièrement conservés ou des hypothèques inscrites antérieurement au mariage.

2° *Consentement d'antériorité.* — Il peut se faire que les créanciers antérieurs, soit qu'ils trouvent leur gage suffisant même après l'hypothèque du Crédit foncier, soit pour toute autre cause, préfèrent ne pas recevoir le remboursement de leur créance. Alors ils peuvent sans subroger la Société à leur place, et par suite sans cesser d'être créanciers, céder leur rang, consentir antériorité d'hypothèque au Crédit foncier. La société cessionnaire vient au rang du cédant jusqu'à concurrence du montant de sa créance, et le cédant ne vient plus pour la même somme qu'au rang donné à la société par la date de l'inscription. Cette cession au profit d'un tiers de son rang d'hypothèque est, comme la subrogation, une véritable aliénation. Si donc le créancier est incapable, il se doit faire autoriser conformément à la loi. En ce qui concerne la cession d'antériorité de la femme, nous n'aurions qu'à répéter ce que nous avons dit relativement à la subrogation.

3° *De la mainlevée.* — Quand la somme empruntée est suffisante pour rembourser tous les créanciers inscrits, la mainlevée, consentie par ces créanciers de leurs priviléges et hypothèques, donne premier rang à la Société du Crédit foncier. Remarquons, que, même dans ce cas, la subrogation pourrait-être préférable et même nécessaire. Supposons, par exemple, que le créancier qu'il s'agit de rembourser, seul inscrit sur l'immeuble hypothéqué, soit le vendeur de cet immeuble, et que l'on ait à craindre des hypothèques légales ou des priviléges grevant cet immeuble du chef de l'emprunteur, le Crédit foncier, dans ce cas, devrait se faire subroger dans les droits de ce vendeur ; alors seulement il n'aura rien à craindre se trouvant au lieu et place de celui dont le privilége vient en première ligne. Si la Société se trouvait en présence de l'hypothèque légale inscrite d'un femme, d'un mineur ou d'un interdit, la mainlevée de cette hypothèque est donnée (art. 9) « soit par la femme non mariée sous le régime dotal, soit par le subrogé tuteur du mineur ou de l'interdit, en vertu d'une délibération du conseil de famille. » Cet article a eu pour but de simplifier les règles de droit commun ; il s'applique également au cas où il s'agit dans les mêmes conditions de la cession d'antériorité de l'hypothèque légale.

Exceptions à notre première règle.

17. — L'article 3 de la loi du 10 juin 1853 est

venu apporter une exception à notre règle. Il porte en effet : « Si l'immeuble est grevé d'inscriptions pour hypothèques consenties à raison de garantie, d'éviction et de rentes viagères, la Société de Crédit foncier peut néanmoins prêter, pourvu que le montant du prêt, réuni aux capitaux inscrits, n'excède pas la moitié de la valeur de l'immeuble, conformément à l'article 7 du décret du 28 février 1852. » Cette exception était nécessaire, sans elle le Crédit foncier n'aurait jamais pu prêter sur des immeubles grevés d'inscriptions de cette nature. Ces inscriptions, en effet, garantissent des droits qui ne sont pas remboursables, et auxquels par suite la Société n'aurait pu se faire subroger. Un membre de la commission voulait étendre l'exception à tous les cas où il y aurait un obstacle légal au remboursement. La commission ne crut pas devoir aller jusque-là ; elle se borna aux deux exceptions énumérées dans l'article 3 de la loi.

Nous trouvons de nouvelles exceptions à notre règle, dans la permission donnée plus tard à la Société de prêter même sans hypothèque aux départements et communes, et dans les lois, dont nous parlerons plus loin, du 28 juin 1856, 28 mai 1858, 19 mai 1860.

II. — DEUXIÈME RÈGLE.

18. — *Nul prêt ne peut excéder la moitié de la valeur de l'immeuble hypothéqué.* — Le prêt consenti par le Crédit foncier, pour produire d'heureux résultats, ne doit pas, en effet, être trop considérable par rapport à la valeur de l'immeuble dont les revenus doivent surtout largement suffire à payer l'annuité. C'est en vue de cette considération que le législateur a décidé « qu'en aucun cas (art. 7 du décret du 28 février) le prêt ne peut excéder la demie de la valeur de la propriété (1), » et que « l'annuité au service de laquelle l'emprunteur s'engage (art. 57 des statuts), ne peut en aucun cas être supérieure au revenu total de la propriété. » Mais disons bien vite que si la Société ne peut dépasser ce maximum, elle n'est jamais dans l'obligation de l'atteindre. Il y aurait même danger pour elle à épuiser ce maximum quand il s'agit de prêter sur une propriété de minime valeur. En cas d'expropriation, en effet, il faut, sur le prix, prélever les frais de poursuite et de vente relativement considérables; il pourrait, du reste, exister des créances privilégiées de l'article 2101 qui, en cas d'insuffisance du mobilier, pourraient absorber plus de la moitié, si non la totalité de l'immeuble.

L'article 50 des statuts réduit, du reste, ce maximum au tiers de la valeur quand il s'agit des vignes, bois et autres propriétés dont le revenu provient de plantations. Les bâtiments des usines et des fabriques ne sont estimés qu'en raison de leur valeur indépendante de leur affectation industrielle. L'article 7 du décret du 28 février portait

(1) C'est dans ces limites que la plupart des Sociétés de Crédit foncier étrangères consentent leurs prêts hypothécaires.

en outre : « Le maximum du prêt sera fixé par les statuts. » Les statuts de 1856 avaient fixé ce maximum à un million. Le minimum était de 300 fr.; cette disposition n'a pas été reproduite dans les nouveaux statuts, la Société a donc aujourd'hui pleine liberté à ce sujet.

III. — TROISIÈME RÈGLE.

19. — *La Société n'accepte pour gage que des propriétés d'un revenu durable et certain* (art. 55 des statuts). — Par propriétés d'un revenu durable et certain, le législateur a entendu parler des immeubles susceptibles d'une location, d'un produit régulier. Les statuts de la Société procédant par voie d'exception, nous indiquent les biens qui ne peuvent être acceptés comme gage par le Crédit foncier ou qui ne peuvent l'être qu'à certaines conditions. L'article 54 porte en effet : « Ne sont point admis au bénéfice de prêts faits par la Société : 1° les théâtres ; 2° les mines et carrières; 3° les immeubles indivis, si l'hypothèque n'est établie sur la totalité des immeubles du consentement de tous les copropriétaires ; 4° ceux dont l'usufruit et la nue propriété ne sont pas réunis, à moins du consentement de tous les ayants droit à l'établissement de l'hypothèque. »

20. — N'oublions pas, du reste, que le Crédit foncier doit suivre les règles du droit commun pour tout ce qui n'est pas prévu par les lois spéciales. Il est prêteur et prêteur sur première hypothèque, et par suite, il devra s'assurer que l'immeuble sur lequel il prête est susceptible d'hypothèque, et que l'emprunteur a capacité nécessaire pour consentir hypothèque. Dans le doute, la Société doit s'abstenir. Dans cet ordre d'idées, on s'est demandé si le Crédit foncier pouvait prêter sur des actions immobilisées de la Banque de France. Je crois devoir répondre affirmativement à la question, dans le cas surtout où ces actions immobilisées étant grevées d'hypothèques, le prêt consenti en faciliterait le dégrèvement. Remarquons cependant que les actions pouvant perdre le caractère d'immeuble avec la cessation du privilége de la Banque de France, le Crédit foncier devrait calculer le montant de l'annuité de manière à ce que le remboursement du prêt soit effectué avant l'époque fixée pour l'expiration de ce privilége.

SECTION II

Des formes des demandes d'emprunt. — De leur examen.

21. — Nous connaissons les conditions générales des prêts. Nous pouvons dès lors étudier les formes des demandes d'emprunt, rechercher quelles conditions elles doivent réunir pour être favorablement accueillies par la Société. Le propriétaire qui veut emprunter au Crédit foncier, doit adresser d'abord une demande conforme au modèle fourni par elle. Or, si nous prenons un de ces modèles, nous y voyons que le propriétaire doit indiquer dans sa demande : 1° le montant de la somme à emprunter ; 2° la durée du prêt ; 3° la nature des obligations qui seront employées si le prêt n'a pas lieu en numéraire ; 4° l'engagement de la part de l'emprunteur de payer les frais et déboursés nécessités par la demande même dans le cas où le prêt n'aurait pas lieu, notamment les frais d'estimation du gage ; 5° la demande doit encore contenir l'état civil de l'emprunteur, c'est-à-dire indiquer s'il est majeur ou mineur, s'il est ou a été marié et sous quel régime, s'il est ou a été tuteur ou comptable de deniers publics. Il est bon, en effet, que la Société puisse s'assurer de la capacité de l'emprunteur, connaître toutes les circonstances qui peuvent réagir sur les biens, se renseigner enfin sur la réputation de l'emprunteur. L'emprunteur est encore tenu d'indiquer sommairement dans sa demande : 6° les biens offerts en garantie, leur situation et leur contenance ; 7° leur valeur vénale, leurs revenus et charges ; 8° il doit aussi faire la déclaration de servitudes et charges réelles qui peuvent grever l'immeuble.

22. — On comprend sans peine l'utilité de ces déclarations, mais à l'appui de ce qu'il avance, l'emprunteur doit fournir des preuves irrécusables ; le Crédit foncier exige donc que certaines pièces soient jointes à la demande, ce sont : 1° les titres de propriété en la personne de l'emprunteur et de ses auteurs. La nature de ces titres varie suivant le mode d'acquisition de propriété. Ce sera au Crédit foncier à examiner si le titre fourni prouve d'une façon certaine la qualité de propriétaire chez l'emprunteur. 2° Un état d'inscriptions constatant la situation hypothécaire. Quand l'emprunteur est propriétaire en vertu d'un titre non sujet à transcription, l'état est délivré tant sur l'emprunteur que sur ses auteurs. Il doit, du reste, contenir la mention des transcriptions de tous actes énoncés dans les articles 1 et 2 de la loi du 23 mars 1855, de tous actes de substitution, de saisie ou de dénonciation de saisie ou certificat qu'il n'en existe pas, la mention également des transcriptions des ventes ou donations qui auraient été faites par l'emprunteur ou ses auteurs, ou un certificat négatif. L'administration n'exige cependant pas ce certificat au moment de la demande, quand elle est suffisamment renseignée sur la situation hypothécaire de l'emprunteur. Elle se contente alors de l'état qui doit être délivré après l'acte conditionnel. L'emprunteur doit encore joindre à sa demande : 3° les baux ou l'état des locations, s'il en existe, avec indication des fermages et loyers payés d'avance; 4° la déclaration détaillée des revenus et charges suivant un modèle fourni par le Crédit foncier; 5° la cote des contributions de l'année courante ou, à son défaut, celle de la dernière année; 6° la copie certifiée de la matrice cadastrale et du plan cadastral; 7° la police d'assurance. Parmi ces pièces cependant il peut parfois, suivant les cas, s'en trouver d'inutiles, comme la police d'assurance, quand les immeubles offerts en garantie ne sont pas construits. L'emprunteur et son notaire apprécieront suivant les circonstances; dans tous les cas, ils devront agir de manière à fournir à l'appui de leur demande toutes les pièces, tous les documents nécessaires pour en activer la solution.

23. — Les actes relatifs à la réalisation de l'emprunt sont notariés. Mais la Société laisse à l'emprunteur le choix du notaire. En conséquence, la demande de prêt signée par l'emprunteur doit désigner le notaire de ce dernier. L'emprunteur peut aussi y désigner son correspondant, au cas où il aurait chargé une personne de le représenter. Remarquons cependant que la demande de prêt pourrait être faite et l'emprunt contracté par un mandataire de l'emprunteur. Mais alors, pour éviter toute difficulté, la Société exige que ce mandataire ait de l'emprunteur une procuration spéciale et authentique à l'effet de faire l'emprunt au Crédit foncier.

24. — Lorsque la demande est regulière, elle est transmise par le directeur du Crédit foncier au conseil d'administration, qui l'examine et en prononce l'admission s'il y a lieu. Il est ensuite procédé à la réalisation du prêt. Mais la Société de Crédit foncier, nous le savons, ne peut prêter avant d'avoir assuré le premier rang à son hypothèque; or, pour atteindre ce but, il est certaines formalités hypothécaires à remplir. Jusque-là il ne peut y avoir qu'un engagement conditionnel, par suite, pour constater cette réalisation, deux actes ont été jugés nécessaires. Le premier est l'acte conditionnel, le second est l'acte définitif ou de réalisation. Ces actes sont rédigés par le notaire de l'emprunteur, qui en conserve les minutes. Ils doivent être conformes aux formules adoptées par la Société de Crédit foncier.

1. — ACTE CONDITIONNEL.

22. — « Lorsque la propriété est reconnue régulière et la garantie suffisante, le conseil d'administration détermine le montant du prêt à faire, et il est procédé à la signature du contrat conditionnel (art. 71 des statuts.) Cet acte renferme toutes les conditions du contrat. Il indique notamment le montant du prêt, le chiffre des annuités, la durée de la libération, l'indivisibilité de la créance, les règles et les effets du remboursement anticipé ; il contient l'obligation de l'emprunteur, et si ce dernier est marié, le concours solidaire de la femme toutes les fois que ce concours est possible. Quand la femme est présente au contrat, ou bien elle consent la subrogation et alors une clause spéciale est insérée à cet effet dans l'acte, ou bien elle ne la consent pas, soit qu'elle s'y refuse, soit que le régime dotal le lui interdise, et alors l'acte mentionne que le notaire l'a avertie que, pour conserver vis-à-vis du Crédit foncier le rang de son hypothèque légale, elle est tenue, aux termes du décret du 28 février 1852 et de la loi du 10 juin 1853, de la faire inscrire dans le délai de quinzaine à partir de la signification qui lui sera faite de l'extrait du présent contrat. L'acte conditionnel contient en outre l'affectation hypothécaire, l'établissement de la propriété. Les biens hypothéqués doivent y être individuellement désignés dans leur nature, leur contenance, leur situation, le numéro de la matrice cadastrale. Les propriétés susceptibles de périr par le feu doivent être assurées contre l'incendie aux frais de l'emprunteur, à moins que la Société n'ait pour gage de sa créance, en même temps que des objets susceptibles de périr par le feu, d'autres propriétés d'une valeur double de la somme prêtée et qui ne seraient pas susceptibles de périr par le feu (art. 67). Dans l'acte conditionnel, l'emprunteur s'engage, en cas de sinistre, à laisser la Société toucher directement l'indemnité (art. 68). Cependant si, dans le délai d'un an à partir du règlement du sinistre, le débiteur a rétabli l'immeuble dans son état primitif, dans ce cas, la Compagnie s'engage à lui remettre le montant de l'indemnité qu'elle aurait reçue sous la déduction seulement de la portion exigible de la créance. Mais si, à l'expiration de l'année, le débiteur n'a pas usé du droit de rétablir l'immeuble incendié, et si, avant cette époque, il a notifié son intention de ne pas en user, l'indemnité est définitivement acquise à la Société et imputée sur sa créance comme payement par anticipation. L'assurance doit, du reste, être maintenue pendant toute la durée du prêt.

En conséquence, les emprunteurs doivent justifier du payement exact de la prime annuelle d'assurance. La Société de Crédit foncier a toujours le droit d'acquitter cette prime dont le prix sera alors ajouté au montant de l'annuité, à moins que la Société ne préfère en exiger immédiatement le remboursement. Trois mois enfin avant cessation du contrat d'assurance, l'emprunteur sera tenu de justifier, au Crédit foncier, de la prorogation de la police d'assurance pendant une période de cinq ans au moins, à défaut de quoi le Crédit foncier est autorisé à souscrire pour son compte, huit jours après, une nouvelle assurance.

Nous trouvons encore dans l'acte conditionnel l'engagement par lequel les emprunteurs s'obligent à jouir des biens hypothéqués en bons pères de famille et à ne rien faire qui puisse en altérer la valeur ou diminuer les garanties de la Société. Ils doivent aussi faire la déclaration de leur état civil et affirmer qu'il n'existe sur les immeubles offerts en garantie aucun droit de nature à porter atteinte à l'hypothèque consentie au profit du Crédit foncier, si ce n'est ceux qu'ils font connaître. Est mentionnée également la faculté laissée à la Société d'opérer la purge si elle le juge convenable. Dans le cas où l'emprunt est destiné, en tout ou en partie, à rembourser les créances inscrites ou privilégiées, le contrat conditionnel doit en contenir déclaration. Il y est enfin fixé un délai ordinairement de un ou deux mois pour la réalisation du prêt. Si dans ce délai les emprunteurs ne se sont pas mis en mesure d'effectuer cette réalisation, l'acte conditionnel est considéré comme nul et non avenu par la seule expiration du terme et sans qu'il soit besoin de mise en demeure, à moins que la Compagnie ne préfère réclamer l'exécution. Remarquons, en terminant, que l'emprunteur doit faire élection de domicile à Paris, et que cette élection est attributive de juridiction.

Obligations qui résultent de l'acte conditionnel.

26. — L'acte conditionnel est enregistré au droit fixe de deux francs. Il oblige, nous le voyons, la Société à verser, l'emprunteur à recevoir le montant du prêt, sous les conditions qui y sont stipulées. Aussitôt après la signature de cet acte, la Société doit prendre inscription à son profit au bureau des hypothèques dans l'arrondissement duquel sont situés les biens offerts en gage. Le bordereau rédigé d'après une formule imprimée, adoptée par l'administration, contient toutes les énonciations prescrites par l'article 2148 C. c. L'inscription y est prise pour : 1° le montant du prêt en capital ; 2° les intérêts tels que de droit ; 3° le montant des allocations annuelles pour frais d'administration ; 4° l'indemnité due en cas de remboursement par anticipation sur la somme remboursée, comme aussi dans tous les cas où le capital devient exigible avant terme ; 5° les frais de contrat et tous les autres, notamment ceux de poursuite et de mise à exécution; 6° les primes d'assurance des immeubles hypothéqués qui seraient avancées par la Société; 7° les intérêts de toute somme en souffrance et de toutes avances faites par le Crédit foncier.

Lorsque la femme de l'emprunteur renonce à son hypothèque légale en faveur du Crédit foncier ou qu'elle l'y subroge, soit directement soit implicitement en s'engageant solidairement avec son mari, la Société doit, nous l'avons dit, pour être saisie à l'égard des tiers, faire mentionner la subrogation en marge de l'inscription préexistante de l'hypothèque légale, ou, si cette inscription n'a pas été prise, faire inscrire à son profit cette hypothèque légale. Dans ce dernier cas, le Crédit foncier prend, par un seul et même bordereau, inscription de l'hypothèque directe conférée par le mari et de l'hypothèque légale à laquelle il est subrogé.

Ces formalités remplies, il est requis tant sur l'emprunteur que sur ses auteurs, et les anciens propriétaires, dans le cas où cela est nécessaire, un état des inscriptions pouvant grever les biens hypothéqués. L'administration décide ensuite s'il y a lieu de dispenser l'emprunteur de remplir les formalités de purge d'hypothèques légales. Nous examinerons plus loin les cas où cette purge devra être ordonnée.

Cas où l'acte conditionnel sera annulé.

27. — L'acte conditionnel est nul, nous le savons déjà, si bon semble à l'administration quand il n'y a pas réalisation dans le délai fixé. Si après l'accomplissement des formalités, dont nous avons parlé ci-dessus, il se révèle une inscription qui primerait celle du Crédit foncier, l'administration fait constater à la suite du contrat conditionnel dans une déclaration signée d'elle, que le contrat se trouve annulé conformément à l'article 8 du décret du 28 février 1852. Elle donne en même temps mainlevée et consent à la radiation de son hypothèque, si toutefois elle est remboursée de tous les frais qui lui sont dus par l'emprunteur. A défaut de payement de ces frais, l'acte ne contiendra que l'annulation du contrat en ce qui concerne les engagements de la Compagnie, sans la mainlevée de l'inscription, et il sera fait réserve expresse de tous les frais et de l'effet de l'inscription à cet égard. Si au contraire il n'est survenu aucune inscription primant celle du Crédit foncier à l'exception de celles qui doivent être remboursées avec le montant de l'emprunt, il est procédé alors à la rédaction de l'acte définitif.

II. — ACTE DÉFINITIF OU DE RÉALISATION.

28. — L'acte de réalisation mentionne sommairement l'accomplissement des formalités remplies. Il est soumis au droit proportionnel d'enregistrement. Il contient quittance, par l'emprunteur, au profit du Crédit foncier, du montant de la somme prêtée. Si cette somme est destinée au payement des créanciers inscrits, la quittance est donnée par ces créanciers, et déclaration est faite par l'emprunteur de l'origine des deniers. Au jour fixé pour la réalisation, il peut se faire que certains créanciers soient absents, ou que, dépourvus de pièces régulières, ils ne puissent recevoir leur payement. Le Crédit foncier peut quand même payer les créanciers qui se sont présentés, à la condition, toutefois, qu'après ce payement, il reste sur le montant du prêt somme suffisante pour désintéresser tous les autres. L'acte est clos, du reste, dès que les créanciers présents l'ont signé; il constate que la Société consent les fonds nécessaires pour désintéresser les créanciers, conformément à l'article 6 du décret du 28 février 1852. Ces fonds restent en dépôt, sans intérêt, dans la caisse de la Société, qui les remet ensuite aux créanciers, auxquels ils sont destinés. Remarquons d'ailleurs que, sur le montant du prêt, le Crédit foncier prélève les frais d'expertise et autres dont la Société a dû faire l'avance.

29. — Aussitôt après rédaction de l'acte conditionnel, avons-nous dit, la Société est tenue de prendre inscription hypothécaire à son profit. Mais le prêt, que cette hypothèque garantit, est un contrat réel (art. 1832 C. c.). Dès lors, on aurait pu se demander si cette hypothèque ne prend pas rang seulement du jour de la délivrance du prêt. Une question analogue s'était élevée à l'occasion des inscriptions prises sur les actes d'ouverture de crédit, et la jurisprudence avait décidé, avec raison, qu'elles prendraient rang du jour des inscriptions prises sur les actes conditionnels de prêt. A plus forte raison, devrions-nous donner même solution dans le cas particulier qui nous occupe; car, tandis que celui au profit duquel un crédit est ouvert, n'est pas dans l'obligation de prendre les fonds, l'acte conditionnel, au contraire, oblige l'emprunteur à retirer la somme, et la Société à lui livrer sous les conditions stipulées au contrat. Le législateur a cependant cru que des doutes pouvaient s'élever, et il a définitivement tranché la question dans la loi du 10 juin 1853, dont l'article 4 porte : « L'hypothèque consentie au profit « d'une société de crédit foncier, par le contrat « conditionnel de prêt, prend rang du jour de « l'inscription, quoique les valeurs soient remises « postérieurement. »

Faculté accordée à la Société de prêter en obligations.

30. — Nous avons supposé jusqu'ici que les prêts étaient effectués en numéraire. C'est en effet le système de prêt qui fut employé au commencement, et c'était alors le seul possible. Que veut, en effet, le propriétaire qui emprunte? De l'argent. Offrez-lui à la place des titres d'une solidité parfaite, mais encore inconnus sur la place; et, par suite d'une négociation douteuse et toujours difficile, il les refuse, et, dût-il y perdre, il s'adresse au prêteur qui lui donnera du numéraire. Si donc, au début, le Crédit foncier avait effectué payement de ses prêts en obligations foncières, il aurait vu bientôt s'éloigner les emprunteurs ; dans peu de temps, son crédit était perdu, sa ruine certaine. La Société prit donc l'engagement de prêter en argent. Remarquons, du reste, qu'elle peut, mieux que l'emprunteur, faire connaître ses titres, les propager, leur conquérir le rang auquel ils ont droit. Elle les négociera elle-même, et se procurera ainsi l'argent nécessaire pour payer l'emprunteur. Ce sera chose facile, quand les titres seront au pair ou au-dessus du pair ; mais s'ils viennent à tomber au-dessous, qu'arrive-t-il ? Le Crédit foncier, pour élever le cours de ses obligations, en élèvera l'intérêt ; partant, il est obligé d'élever l'intérêt de ses prêts. Mais cette faculté, nos lois restrictives sur le taux de l'intérêt pourront la lui enlever. Dès lors, la Société devra suspendre ses opérations ou marcher à sa ruine. Ces conditions déterminèrent, en 1856, le Crédit foncier à demander au gouvernement l'autorisation de prêter en obligations foncières. Cette faculté fut en effet introduite dans l'article 51 des statuts révisés et approuvés par le décret des 25 et 26 juin 1856. Au commencement de 1857, la société commença à prêter partie du prêt seulement en lettres de gage ; le surplus était payé en numéraire. Au mois de juin de la même année, le conseil d'administration décida qu'à l'avenir tous les prêts seraient faits intégralement en obligations foncières (1). Donc, aujourd'hui, ce que le Crédit foncier prête au propriétaire, c'est le crédit de son immeuble sous la forme d'une lettre de gage, moyennant une annuité fixe et constante. En réalité, cependant, on voit que le taux auquel a lieu l'emprunt, varie suivant le prix de la négociation de la lettre de gage. On peut répondre que l'emprunteur ne peut s'en plaindre ; il suit la loi du marché comme la société elle-même, qui est tenue de reprendre au pair les lettres de gage qu'elle reçoit dans un remboursement par anticipation. Nous reviendrons sur ce sujet dans notre dernière partie, et nous calculerons le taux auquel, en réalité, les propriétaires empruntent aujourd'hui au Crédit foncier.

SECTION IV

De la libération.

31. — L'emprunteur peut se libérer de plusieurs manières : 1° par annuités ; 2° par payement anticipé ; 3° par remboursement à l'échéance sans annuités, quand il s'agit d'un prêt à court terme sans amortissement.

I. — REMBOURSEMENT PAR ANNUITÉS, SES AVANTAGES.

32. — L'annuité est la redevance due chaque

(1) Les sociétés allemandes ont prêté, dès le début, en obligations, et, chose remarquable, ces lettres de gage se sont immédiatement négociées au pair et au-dessus. Nous en trouvons cependant qui prêtent en numéraire, comme l'*Etablissement de Crédit territorial de Hanovre.*

année par l'emprunteur à la Société. Cette annuité est payable en espèces, les 31 janvier et 31 juillet de chaque année, soit à Paris, au siége de la Société, soit dans les départements, chez les trésoriers-payeurs généraux et les receveurs particuliers des finances. Elle commence à courir à celle des deux dates ci-dessus énoncées, qui suit la première époque fixée pour la remise du montant du prêt. Au moment du prêt, la Société retient sur le capital l'intérêt et l'allocation applicables au temps à courir jusqu'à la première échéance semestrielle (art. 60 des statuts). Le décret du 28 février 1852 ne s'occupe pas du montant de l'annuité, il s'en réfère aux statuts de la Société, soumis, du reste, à l'approbation du gouvernement. Cependant, les décrets des 10 décembre 1852 et 21 décembre 1853 avaient fixé des maxima relativement au taux de cette annuité; ils ont été supprimés par l'article 7 du décret du 6 juillet 1854. Aujourd'hui, conformément aux statuts de 1869, l'annuité varie suivant la durée du prêt. Elle est plus ou moins élevée suivant que cette durée est plus ou moins courte. Elle diffère suivant que le prêt est garanti par une propriété urbaine ou une propriété rurale. Elle est plus élevée dans le premier cas, les frais d'administration étant plus considérables. Elle change, nous le verrons, suivant que les prêts sont contractés par les départements ou les communes, ou qu'ils sont garantis par des immeubles situés en Algérie. Quant aux éléments dont se compose l'annuité, ils sont indiqués dans l'article 59 des statuts. L'annuité, aux termes de cet article, comprend : « 1° l'intérêt ; 2° l'amortissement déterminé par le taux de l'intérêt et la durée du prêt ; 3° une allocation annuelle pour droit de commission et frais d'administration qui ne peut excéder 60 c. pour 100 fr., si ce n'est en vertu d'un décret impérial rendu en conseil d'État et sur la demande du conseil d'administration. Toutefois, cette allocation annuelle ne peut, dans les prêts garantis par des immeubles ruraux, excéder 55 cent. pour le premier tiers de la période du prêt, 50 cent. pour le second tiers, 45 cent. pour le dernier tiers. L'allocation annuelle pour les frais d'administration dans les prêts communaux, ne peut excéder 40 cent. pour 100 pendant les vingt premières années du prêt, 35 cent. pendant le reste de la durée du prêt » (1).

L'intérêt est, nous le voyons, le premier élément de l'annuité. Le décret du 28 février 1852, article 11, portait : « L'intérêt stipulé ne peut dépas-

(1) Pour un prêt de cinquante ans, terme le plus généralement choisi, l'annuité est, si le prêt est garanti par des immeubles urbains, de 6 fr. 06 p. 100 ; si le prêt est garanti par des immeubles ruraux, elle est de 6,01 p. 100 pour les seize premières années, de 5,96 p. 100 pour les seize suivantes, de 5,91 p. 100 pour les dix-huit dernières. Pour les emprunts d'une durée plus courte, l'annuité augmente proportionnellement.

Dans les institutions de crédit foncier à l'étranger, l'annuité est généralement aussi élevée, sinon plus élevée. En Prusse, dans l'Association des propriétaires de Poméranie, outre la redevance affectée à l'amortissement, l'annuité est de 4 fr. 41 c., mais l'emprunteur est

ser 5 p. 100. » Les statuts de 1869 n'ont pas reproduit cette prohibition ; par suite, le Crédit foncier, à cet égard, est soumis au droit commun. L'annuité comprend, en second lieu, l'amortissement. Aux termes du même article 11, on ne pouvait y affecter une somme inférieure à 1 p. 100, ni supérieure à 2 p. 100 du montant du prêt. Le législateur, en établissant cette règle, avait sans doute considéré, d'une part, l'inconvénient qu'il y a à permettre à l'emprunteur de prolonger indéfiniment sa dette ; d'autre part, le danger qui pourrait résulter pour lui d'un prêt trop vite amortissable, l'annuité étant considérable et pouvant dépasser les revenus annuels que, dans ses illusions, l'emprunteur est toujours disposé à exagérer Le décret du 28 mars 1852 a abrogé cette disposition en décidant que : « Le gouvernement règlera, pour chaque société de Crédit foncier, la limite extrême de la durée des annuités au moyen desquelles devra s'opérer l'extinction de la dette. » D'autre part, le décret de 1869 porte : « L'amortissement est déterminé par le taux de l'intérêt et la durée du prêt. » Il laisse donc à la société toute latitude à cet égard. Quant à la durée du prêt à long terme, nous l'avons dit, elle est de

responsable pour sa quote-part des pertes que peut éprouver l'association. L'annuité dans les autres sociétés est plus élevée. Seul l'établissement de Crédit territorial de Hanovre, établissement très-florissant, prête en numéraire, moyennant une annuité de 4 fr. 50 p. 100, qui éteint la dette en soixante ans. La Société de Bavière, dont l'organisation est presque identique à celle du Crédit foncier, prête pour cinquante ans, moyennant une annuité de 6 p. 100.

dix à soixante ans; la somme affectée à l'amortissement sera d'autant moins élevée que cette durée sera plus longue.

Dans l'annuité, enfin, est affectée une somme destinée au droit de commission et aux frais d'administration. Aux frais d'administration, l'article 11 du décret de 1852 ajoutait les taxes déterminées par les statuts. Le législateur avait sans doute en vue des taxes analogues à celles que certaines sociétés allemandes imposent à leurs emprunteurs (1). Cette disposition n'a pas été reproduite dans les statuts de 1869. Jusqu'à présent, le Crédit foncier n'a exigé, indépendamment de ses droits de commission et de frais d'administration, aucune autre taxe que celle perçue dans le cas de remboursement anticipé; mais il ne lui est pas interdit de se créer d'autres bénéfices, pourvu qu'ils résultent d'opérations qui lui sont permises. Par exemple, rien ne s'oppose, je crois, à ce qu'il emprunte, s'il le peut, à un taux moins élevé que celui qui lui est payé par ses débiteurs.

(1) L'Association du Wurtemberg notamment, lors de la réalisation du prêt pour former le fonds de réserve, retient une somme de 4 1/6 p. 100. Elle exige des emprunteurs un intérêt de 3 1/2 p. 100, tandis qu'elle ne paye aux prêteurs qu'un intérêt de 3 p. 100. Elle exige qu'au premier semestre payé l'on ajoute la rente d'un mois et demi, à titre de garantie d'exactitude, et elle ne tient compte de cette créance que lors du payement du dernier semestre d'annuités. Elle jouit donc de l'intérêt de cette avance pendant toute la durée de l'amortissement. Comme c'est, du reste, une association d'emprunteurs, les bénéfices qui découlent de ces diverses combinaisons profitent en définitive aux emprunteurs, qui ont un droit proportionné à leur emprunt dans le partage des fonds de réserve.

33. — Si nous parcourons le tableau des annuités à payer pour les différents genres de prêts, nous voyons, par exemple, que pour un prêt sur biens ruraux d'une durée de soixante ans, l'annuité à payer est, dans les dernières années, de 5 fr. 82 cent. p. 100. Le montant de l'annuité est donc bien peu supérieur au taux ordinaire de l'intérêt. C'est qu'il suffit qu'une somme relativement minime soit affectée chaque année à l'amortissement, pour qu'à l'expiration d'un terme relativement peu éloigné, par la puissance de l'intérêt composé, le capital se trouve en entier reconstitué. Chaque année, le capital s'amortissant produit des intérêts de plus en plus faibles, par suite sur l'annuité restant toujours la même, les frais d'administration et le taux de l'intérêt ne variant pas du reste, la somme affectée à l'intérêt diminue tous les ans, à mesure que celle affectée à l'amortissement augmente dans la même proportion. L'amortissement, assez lent dans les premières années, devient très-rapide dans les dernières.

34. — Les avantages de ce mode de libération sur le mode ordinaire sont évidents. Pour les mieux mettre en relief, prenons un exemple : un propriétaire de fonds urbains veut emprunter 20,000 francs pour une durée de vingt ans. S'il s'adresse à un capitaliste ordinaire, qui consent à lui prêter à 5 p. 100 pendant vingt ans, il payera 1,000 fr. d'intérêt par an, soit 20,000 fr. au bout de vingt ans. En outre, à cette époque, il devra rembourser les 20,000 fr. du capital. Il aura donc, en définitive, déboursé une somme de 40,000 fr. Qu'il s'adresse au Crédit foncier, l'annuité qu'il aura à payer est de 1,712 fr.; au bout de vingt ans, il aura en somme déboursé vingt fois 1,712 fr., soit, 34,240 fr., ou 5,760 fr. de moins que dans le cas précédent. La différence serait encore plus sensible s'il s'agissait de prêts sur des biens ruraux, l'annuité étant moins élevée, ou si la durée du prêt était plus longue. Ajoutez à cet avantage la faculté laissée à l'emprunteur de se libérer par anticipation et même par fractions, et vous reconnaîtrez qu'il est peu de capitalistes qui puissent consentir des prêts de ce genre. Une grande société seule, grâce à son organisation et à l'étendue de ses opérations, peut opérer une capitalisation semestrielle dont le montant placé à intérêt, recompose la somme prêtée au bout d'un certain temps, tandis qu'il n'est pas d'emprunteurs, il n'est pas de capitalistes qui trouvent à placer d'une manière continue et sans interruption les parcelles souvent très-petites qui, avec le temps, doivent reconstituer le capital.

35. — L'emprunteur, à mesure qu'il se libère par le payement des annuités, peut, s'il ne s'est pas enlevé cette faculté dans le contrat, faire restreindre l'hypothèque consentie sur ses biens. Il pourrait même faire de nouveaux emprunts à la société, à la condition, bien entendu, que la société vienne toujours au premier rang et que le montant de ses prêts n'excède pas la moitié de la valeur de l'immeuble hypothéqué. Après l'acquittement de toutes les annuités, l'emprunteur est libéré et, par suite, il a droit d'obtenir la mainlevée de l'hypothèque et la radiation des inscriptions prises au profit de la Société (1).

36. — « En cas de non-payement des annuités, nous dit l'art. 12 du décret du 28 février 1852, la société, indépendamment des droits qui appartiennent à tout créancier, peut recourir aux moyens d'exécution déterminés par le titre IV du présent décret. » Nous indiquerons ces moyens plus loin. « Les annuités non payées à l'échéance (art. 28 du même décret), produisent intérêt de plein droit. » Or, l'article 61 des statuts fixe à 5 °/。 le taux de l'intérêt ; « il en est de même, aujoute cet article, des frais de poursuite liquidés ou taxés faits par la Société pour arriver au recouvrement de ses créances et ce à partir du jour où ils ont été avancés. » Enfin, aux termes de l'article 62 des statuts, le défaut de payement d'une annuité est un cas d'exigibilité de la dette, comme nous le verrons plus loin.

Si la Compagnie fait courir à partir de l'échéance

(1) Dans les sociétés d'emprunteurs en Allemagne il en est autrement. En cas d'inefficacité de l'action dirigée contre certains d'entre eux, les autres sont exposés à un recours au prorata du montant de l'emprunt. Cette disposition s'explique dans ces sociétés où il n'y a pas de fonds de garantie en général, et où les emprunteurs, prenant seuls part aux bénéfices, doivent contribuer aux pertes dans les mêmes proportions. Dans beaucoup de ces sociétés cependant l'emprunteur peut se soustraire à cette responsabilité, en payant une fois pour toutes une certaine somme, qui est ordinairement de 3 p. 100 de son emprunt.

les intérêts des annuités non payées, elle permet en revanche aux emprunteurs de se libérer un ou deux semestres à l'avance, et dans ce cas elle leur tient compte des sommes ainsi payées au taux fixé pour les dépôts qui lui sont faits en compte courant.

37. — On peut se demander si la prescription de cinq ans, prononcée par l'article 2277 C. c., s'applique à l'annuité due au Crédit foncier? L'annuité, nous l'avons dit, se compose des intérêts, des frais d'administration, et enfin de la somme affectée à l'amortissement de la dette. Il a été soutenu que la prescription de cinq ans ne pouvait s'appliquer à la portion d'annuité représentant le capital, l'article 2277 n'ayant eu en vue que les accessoires du capital, mais jamais le capital ni une fraction du capital. Je serais tenté de croire, sans cependant avoir une opinion arrêtée, que cette distinction n'est pas possible, qu'elle ne serait pas conforme à l'esprit de l'article 2277 et de notre décret, et j'appliquerais à l'annuité tout entière la prescription de cinq ans. Si nous nous reportons, en effet, aux motifs de cette prescription, nous verrons qu'elle repose sur une présomption de payement, mais aussi sur une considération d'ordre public. On n'a pas voulu que le créancier pût, sans encourir aucune déchéance, laisser ses revenus s'accumuler, la dette du débiteur s'accroître pendant trente ans. Or, dans l'annuité, il y a une fraction du capital qui, exigible à des époques périodiques, va produire, d'après les statuts du Crédit foncier, des intérêts de plein droit si elle n'est pas payée à l'échéance Par suite de ce défaut de payement, la dette va donc se trouver grossir dans des proportions d'autant plus considérables que l'on se trouvera plus rapproché du terme du prêt, la somme affectée à l'amortissement augmentant tous les ans. Tandis que la société n'aurait point avantage à faire cesser cet état de choses, bien au contraire, puisque ses annuités non payées produisent intérêt et que son capital prêté se reconstitue ainsi avec l'argent de l'emprunteur lui-même ; pour ce dernier une semblable situation prolongée pendant trente ans aurait, nous le voyons, les plus fâcheux résultats. Cette situation, nous devons l'abréger autant que possible, et pour cela appliquer l'article 2277 aux trois éléments de l'annuité.

II. — Remboursements par anticipation.

37. — Aux termes de l'article 10 du décret du 28 février 1852 et de l'article 63 des statuts : « Faculté est laissée à l'emprunteur de se libérer par anticipation en tout ou en partie. Les remboursements anticipés sont effectués, au choix des débiteurs, soit en numéraire, soit en obligations foncières appartenant à l'émission indiquée par le contrat de prêt. Ces obligations sont reçues au pair quel que soit leur cours. Les remboursements anticipés donnent lieu, au profit de la société, à une indemnité qui ne peut dépasser 3 % du capital remboursé par anticipation (1). Les fonds provenant de remboursements anticipés sont employés soit à amortir, soit à racheter des obligations foncières ou lettres de gage, soit à effectuer de nouveaux prêts. »

Conditions des remboursements anticipés.

38. — Par l'article qui précède, nous voyons que le débiteur a le choix entre deux modes de remboursement : 1° le remboursement en numéraire ; 2° le remboursement en obligations. Dans l'un et l'autre cas, il ne faut pas que le remboursement soit trop minime, autrement il en résulterait des embarras considérables dans la comptabilité. Pour cette raison, la Société exige que la somme soit au moins du vingtième du capital et représente exactement des centièmes de ce capital. La Société perçoit une indemnité qui ne peut dépasser 3 °/₀ du capital remboursé. Le taux de cette indemnité pour le remboursement fait dans la sixième année du prêt et au delà avait été, dans le principe, fixé par l'administration à 3 °/₀. Elle montait graduellement de 1/2 °/₀ à 2 1/2 °/₀ pour les remboursements opérés dans les cinq premières années. Aujourd'hui cette indemnité est fixée, à

(1) Dans les sociétés de crédit foncier étrangères les payements par anticipations sont généralement permis. Comme ici, on prélève alors une indemnité variable suivant les sociétés. Il est cependant des établissements qu'il suffit de prévenir un certain temps à l'avance pour les pouvoir payer par anticipation, sans indemnité.

quelque époque que le remboursement anticipé soit effectué, à 50 cent. pour 100 fr., soit 1/2 %.

Aucun changement, du reste, ne peut, par suite de ces payements anticipés, être apporté aux époques fixées par le payement des annuités ; en conséquence, dans l'acte de prêt, il est toujours stipulé par le Crédit foncier que le compte de la créance remboursée sera établi à l'expiration du semestre courant dont l'emprunteur devra le montant intégral, sous la déduction de l'intérêt du capital remboursé, au taux fixé par le contrat de prêt, depuis le jour du payement jusqu'à la fin du semestre.

39. — Telles sont les règles communes aux deux modes de libération ci-dessus indiqués. Elles suffisent quand il s'agit d'un remboursement en numéraire. Nous en devons indiquer deux autres spéciales au remboursement en obligations ou lettres de gage : 1° les obligations sont reçues au pair par la Société. Cette règle est à l'avantage de l'emprunteur ; car, ou au moment du remboursement ces lettres de gage seront au-dessous du pair, alors il s'en procurera au cours actuel et fera un bénéfice en les livrant à la Société, ou elles seront au-dessus du pair et alors il remboursera en argent. Hâtons-nous de dire que le bénéfice que fait l'emprunteur, ne pouvant faire subir de perte à la société, cette dernière ne saurait s'en plaindre. 2° Les obligations doivent être de même nature que les titres émis en représentation de l'emprunt contracté. Permettre, en effet, à l'emprunteur de rembourser la Société avec des obligations d'une autre nature, produisant un autre intérêt que celles émises en représentation de son emprunt ou remboursables à d'autres conditions, c'eût été indirectement l'autoriser à rembourser une valeur inférieure à celle qui est due à la Société.

Effets du remboursement anticipé.

40. — Le remboursement anticipé produit des effets par rapport à la Société et aussi par rapport au débiteur :

La valeur des lettres de gage ne pouvant, aux termes de l'article 14 du décret de 1852, dépasser le montant des prêts, la Société devra employer la valeur remise par l'emprunteur à anéantir pareille valeur en lettres de gage en les rachetant. Le rachat ne peut avoir lieu au-dessus du pair, bien entendu, car autrement la valeur nominale des obligations rachetées serait inférieure au montant des remboursements effectués, et comme il n'y aurait plus égalité entre le montant des lettres de gage en circulation et celui des prêts, l'article 14 du décret serait violé. Mais si ces obligations, une fois revenues à la Société par suite de remboursements anticipés, le Crédit foncier réalise des prêts nouveaux pour le montant de ces obligations, je crois qu'il n'est pas tenu d'en créer de nouvelles et qu'il lui est permis de se servir des anciennes jusqu'à due concurrence. L'article 87 des statuts l'y autorise implicitement sous des conditions qu'il détermine : « Les obligations revenant, porte l'article, par suite de remboursement anticipé, sont immédiatement frappées d'un timbre spécial et ne peuvent être remises en circulation qu'avec un nouveau visa du gouverneur. »

Nous devons maintenant examiner les effets du remboursement anticipé par rapport à l'emprunteur. Il ne peut s'élever de difficulté lorsque le débiteur par le payement anticipé se libère en totalité de ce qu'il doit. La dette est définitivement éteinte et l'inscription hypothécaire rayée. Mais dans le cas où la libération est partielle, sur quoi doit-on imputer les valeurs ainsi remises à la société? Sur la question, le décret de 1852 garde un silence complet, et d'un autre côté, nous trouvant ici dans une matière spéciale, il semble bien difficile d'appliquer l'article 1253 du C. c. Plusieurs systèmes, par suite, ont été présentés : dans le premier, il a été proposé de faire l'imputation sur les dernières annuités, de manière que l'emprunteur qui effectue un payement partiel, continue à acquitter la même annuité, mais pendant un moins grand nombre d'années; dans un second système, il a été soutenu qu'il fallait imputer le payement sur les annuités les plus prochaines; un troisième système consiste à faire l'imputation sur l'ensemble des annuités, de manière que, sans diminuer leur nombre, il donne lieu à une réduction proportionnelle sur le montant de chacune d'elles. C'est ce dernier système qui a été admis par la

Société et dans l'acte conditionnel de prêt, il est toujours stipulé à cet effet : « Tout remboursement partiel donne lieu à une réduction proportionnelle dans le chiffre des intérêts et de la somme destinée à l'amortissement. Les frais d'administration sont eux-mêmes réduits de la quotité correspondante au capital remboursé par anticipation. »

Remarquons, en terminant, que par remboursement anticipé, nous devons entendre le remboursement de tout ou partie du capital restant dû, et non pas le payement par avance d'une ou plusieurs annuités; ce payement, restant sous l'application de l'article 59 des statuts, est, comme nous l'avons dit, payable en numéraire, avec escompte du reste au profit du débiteur, comme dans le cas de remboursement anticipé.

On pourrait se demander comment, dans le cas de remboursement anticipé, partiel ou total, on arrive à calculer la somme à verser pour éteindre la dette en tout ou partie. Il suffit pour cela, à l'aide du tableau d'amortissement, d'additionner les sommes payées à titre d'amortissement avec les intérêts que leur capitalisation a produits et de retrancher le total du montant du capital prêté : la différence est la somme qui est à ce moment due.

41. — Grâce à ces facultés accordées par la Société, le propriétaire qui emprunte peut, s'il lui survient des ressources inattendues, se libérer complétement avant le terme fixé pour l'amortissement, ou, dans tous les cas, si ces ressources n'étaient pas suffisantes, obtenir une diminution proportionnelle de sa dette en versant dans la caisse de la Société et sans perdre un jour d'intérêt ses fonds disponibles.

III. — REMBOURSEMENT A L'ÉCHÉANCE SANS ANNUITÉS.

42. — Ce mode de libération s'applique seulement aux prêts à court terme sans amortissement, autorisés par le décret du 6 juillet 1854. Les conditions du remboursement de ces prêts sont déterminées pour chaque emprunt et insérées dans le contrat de prêt qui fait la loi de l'emprunteur.

IV. — CAUSES D'EXIGIBILITÉ DE LA DETTE ENTIÈRE.

43. — Tout créancier qui tombe en faillite ou déconfiture, ou qui, par son fait, a diminué les sûretés qu'il avait données par le contrat à son créancier (art. 444, Code com., 1188 et 2131 Code civil), perd le bénéfice du terme d'après le droit commun. Ces causes d'exigibilité de la dette sont applicables à notre matière. Il en est d'autres spéciales qui sont prévues par les statuts ou qui résultent du contrat de prêt, nous allons brièvement les énumérer.

44. — *Causes d'exigibilité de la dette prévues par les statuts.* — Ce sont : 1° le défaut de payement d'un semestre. La dette devient exigible un mois après la mise en demeure (art. 62) ; 2° le défaut de dénonciation de la part de l'emprunteur à la Société, dans le délai d'un mois, des aliénations totales ou partielles qu'il a pu faire, des détériorations que l'immeuble hypothéqué peut avoir subies et de tous les faits de nature soit à en diminuer la valeur, soit à porter atteinte à son droit de propriété (art. 64, 65 des statuts); 3° le fait de la part de l'emprunteur de dissimuler les causes d'hypothèque légale, de résolution ou de rescision qui peuvent grever de son chef les biens hypothéqués à la Société (art. 66 des statuts); 4° enfin, en cas de sinistre, l'indemnité, nous le savons, est directement touchée par la Société si, dans le délai d'un an, le débiteur n'a pas usé du droit de rétablir l'immeuble incendié, et si, avant cette époque, il a notifié son intention de ne pas en user. L'indemnité est définitivement acquise à la Société et imputée sur sa créance comme payement fait par anticipation, et si la Société juge alors que, par l'effet du sinistre, ses sûretés sont compromises, elle peut exiger le payement de ce qui lui reste dû (art. 68, 69 des statuts).

45. — *Causes d'exigibilité insérées dans le contrat de prêt.* — Dans le contrat de prêt sont insérées toutes les causes d'exigibilité; celles résultant du droit commun, aussi bien que celles prévues par les statuts. Mais la Société y impose en outre, sous peine d'exigibilité immédiate de la dette, les conditions suivantes : 1° les emprunteurs devront jouir des biens hypothéqués en bons pères de famille et les maintenir en bon état selon leur nature; 2° ils s'interdisent le droit de rien faire qui puisse altérer la valeur du gage; 3° ils ne pourront établir sur les immeubles hypothéqués aucun privilége au profit des constructeurs, entrepreneurs, ouvriers; 4° la dette deviendra enfin exigible s'ils ont touché d'avance des loyers non déclarés dans le contrat.

CHAPITRE II

CAISSE DE SERVICE. — AUTORISATION DONNÉE A LA SOCIÉTÉ DE CRÉDIT FONCIER DE RECEVOIR DES CAPITAUX EN DÉPOT ET DE FAIRE DES AVANCES SUR OBLIGATIONS FONCIÈRES OU AUTRES VALEURS.

46. — Par le décret du 28 mars 1852 (art. 3), la Société de Crédit foncier, alors *Banque foncière,* avait été autorisée à « recevoir en dépôt sans intérêts les sommes destinées à être placées sur hypothèque et converties en obligations foncières. » Par le décret de 1856 (art. 2), « la Société est autorisée à recevoir avec ou sans intérêts des capitaux en dépôt. Ces capitaux pourront être employés jusqu'à concurrence du cinquième de leur montant, à faire, suivant des conditions déterminées en conseil d'administration, et pour un terme qui n'excèdera pas 90 jours, des avances sur obligations émises par la Société. Le surplus sera intégralement versé au Trésor en compte courant au taux d'intérêt qui sera fixé par le ministre des finances. » C'est là l'origine de la création de la caisse de service au Crédit foncier. Cette caisse de service fait deux sortes d'opérations que nous allons rapidement examiner : elle reçoit des capitaux en dépôt ; elle fait des avances sur obligations ou autres valeurs déterminées (1).

I. — DÉPÔT DE CAPITAUX.

47. — Le Crédit foncier reçoit des capitaux en dépôt. L'intérêt alloué ordinairement de 1/2 pour 100, court du lendemain du versement. Les déposants reçoivent à leur choix un carnet de compte courant ou des bons de caisse.

Les demandes de comptes courants sont faites à la caisse, suivant une formule fournie par l'administration. Il est statué dans les deux jours sur la demande. Si elle est acceptée, il est délivré au déposant un carnet pour l'inscription des versements et des retraits de fonds, et des chèques au porteur pour les retraits. Ces chèques seront payables à vue. Cependant, si le chèque dépasse 20,000 fr., le déposant est tenu d'en avertir l'administration quarante-huit heures à l'avance, autrement le payement sera remis à deux jours. Dans tous les cas de retrait par chèque, le déposant supporte une retenue de deux jours d'intérêt. Les titulaires des comptes peuvent déposer également à la caisse de la Société des coupons ou des titres nominatifs de rentes sur l'État, ou de toutes autres valeurs négociées à la Bourse ; la Société se charge de la rentrée des fonds.

(1) Nous trouvons certaines institutions de crédit foncier allemandes ou ces genres d'opérations sont permis, notamment la Banque hypothécaire de Bavière et celle du duché de Nassau.

Elle reçoit encore, en recouvrement sur Paris, des effets comportant une échéance de quinze jours au plus, et de quatre jours au moins. Enfin, la Société se charge pour les titulaires de comptes, de transmettre aux agents de change les ordres de bourse. Ici, nous le voyons, nous n'avons plus une Société de Crédit foncier, mais une Banque ordinaire. Le Crédit foncier se réserve la faculté de mettre fin aux comptes courants à toute époque, ou d'en modifier les conditions. Ces modifications sont rendues obligatoires par la publication qui en est faite au *Journal officiel*.

Quant aux bons de caisse, dont les demandes sont directement reçues à la caisse, ils sont à ordre et payables à deux jours de vue. Cependant, sur la demande des porteurs, le remboursement a lieu à présentation, si le montant des bons présentés par la même personne n'excède pas 20,000 fr., et le lendemain, s'il dépasse ce chiffre, sauf toujours la retenue de deux jours d'intérêt. Les bons de caisse sont de 100, 200, 500, 1,000 et 5,000 fr. A défaut de présentation dans une année, à partir de la délivrance, les intérêts des bons de caisse cessent de plein droit.

II. — AVANCES SUR DÉPÔT D'OBLIGATIONS ET AUTRES VALEURS.

48. — En 1856, le Crédit foncier avait été autorisé à employer une partie des fonds versés dans la caisse de service à faire des avances sur obligations foncières. Mais la Société devant se conformer aux règles imposées par les articles 2074, 2075 et 2078 du Code civil en matière de nantissement, il lui devenait fort difficile d'user de l'autorisation donnée. Le Crédit foncier demanda à être affranchi du droit commun en matière de gage. Cette faveur, accordée déjà à la Banque de France, fut octroyée au Crédit foncier par la loi du 19 juin 1857, qui porte : « Les articles 2074, 2075, 2078 C. c. ne sont point applicables aux avances sur dépôt d'obligations foncières. Le privilége de la Société de Crédit foncier sur l'obligation donnée en nantissement résulte de l'engagement souscrit par l'emprunteur dans la forme prescrite par les articles 3 et 5 de l'ordonnance royale du 15 juin 1834, relative aux avances faites sur effets publics par la Banque de France. A défaut de remboursement, dès le lendemain de l'échéance, la Société de Crédit foncier peut, sans qu'il soit besoin de mise en demeure, faire procéder par le ministère d'un agent de change à la vente du titre. » Cette loi remarquable ne s'applique, comme nous le croyons, qu'aux avances faites par la Société sur ses propres valeurs.

La faculté accordée au Crédit foncier de faire des avances sur dépôt de valeurs, a été, du reste, étendue en 1859 et 1869. L'article 2 des statuts porte en effet : « La Société est autorisée à recevoir avec ou sans intérêts des capitaux en dépôt. Ces capitaux doivent être représentés : 1° par des versements en compte courant au Trésor ; 2° soit par des avances pour un terme qui n'excèdera pas quatre-vingt-dix jours, sur les obligations émises par le Crédit foncier ou sur tous autres titres admis par la Banque de France, comme garanties d'avance, soit par des bons du Trésor, soit par des valeurs de portefeuille, escomptables à échéance de quatre-vingt-dix jours au plus. Le montant des versements faits au Trésor au taux d'intérêt qui sera fixé par le ministre des finances, ne devra jamais être inférieur au quart des capitaux reçus en dépôt, et ne pourra être jamais supérieur qu'avec le consentement du ministre. Les conditions et les proportions des autres emplois autorisés, ainsi que les garanties à établir pour l'administration des titres et valeurs sont déterminées par le Conseil d'administration ; mais les valeurs de portefeuille ne peuvent excéder le tiers des sommes déposées. La Société ne peut recevoir en dépôt une somme supérieure à 80 millions. » Ces prêts sont consentis pour quatre-vingt-dix jours sauf renouvellement. L'intérêt des sommes prêtées est ordinairement de 3 p. 100. La quotité des sommes prêtées varie, elle est de 80 p. 100 de la valeur nominale des titres pour les obligations foncières et communales ; de 70 p. 100 pour les autres valeurs, ces valeurs étant calculées d'après le cours à la Bourse.

49. — Telles sont, en résumé, les opérations de la caisse de service. Elle est utile pour ceux qui ayant des fonds disponibles, ne les veulent pas encore placer d'une façon définitive. Ils trouveront dans la caisse de la Société un placement momentané sûr et certain. D'un autre côté, la modicité d'intérêt payé par la Société pour les sommes qui lui sont déposées en compte courant, lui permet, tout en réalisant des bénéfices de fixer à un taux très-peu élevé l'intérêt de ses avances. Tous les trois mois, il est vrai, le Crédit foncier a le droit d'exiger la restitution des sommes prêtées. Mais il use rarement de ce droit, et le plus souvent il accorde les renouvellements qui lui sont demandés.

CHAPITRE III

DES PRÊTS POUR TRAVAUX DE DRAINAGE.

50. — Dans ces dernières années, deux lois ont été rendues en vue de favoriser les opérations du drainage en France : la loi du 10 juin 1854, pour faciliter l'écoulement des eaux ; la loi du 7 juillet 1856, en vertu de laquelle l'État devait prêter une somme de 100 millions aux propriétaires qui, voulant améliorer leurs fonds par le drainage, n'auraient pas l'argent nécessaire à cet effet. Ces prêts étaient remboursables en vingt-cinq ans par annuités, comprenant l'amortissement du capital et l'intérêt calculé à 4 p. 100. Un privilége était accordé au Trésor pour le recouvrement de l'annuité sur le revenu ou les récoltes des terrains drainés, et pour le recouvrement du capital prêté, sur le fonds même ou seulement sur la plus-value, en cas de réclamation des créanciers antérieurement inscrits (art. 1, 2, 3 de la loi du 17 juillet 1856.) Ce privilége était consenti au Trésor, à condition de remplir certaines formalités énumérées dans les articles 6, 7 et 8 de la loi. Cette loi resta deux ans sans application, car l'État, pour exécuter son engagement, était obligé d'emprunter ou d'augmenter sa dette flottante, et d'un autre côté, pour entrer dans l'examen des demandes d'emprunt qui lui était faites et rechercher s'il y avait lieu de les accueillir, il lui eût fallu se livrer à des opérations en dehors de ses attributions ordinaires. Il s'adressa au Crédit foncier et lui demanda d'acquitter la dette qu'il avait souscrite à la propriété agricole. De là la loi du 28 mai 1858, qui autorise le Crédit foncier de France à faire les prêts promis par l'État, et le subroge aux droits et priviléges accordés au Trésor public par la loi du 17 juillet 1856.

51. — Les formalités à suivre pour obtenir ces prêts sont fort compliquées, on les trouvera énumérées dans un règlement d'administration publique du 23 septembre 1858. Je me bornerai à dire que toute demande d'emprunt, avant de recevoir son exécution, doit passer par quatre périodes successives : 1° la demande est faite sur papier timbré et adressée au ministre de l'agriculture, qui la transmet à une commission supérieure du drainage, qui l'examine après avis du préfet, d'un ingénieur, etc. ; 2° le ministre alors, si l'avis de la commission est favorable, adresse les pièces au Crédit foncier, qui vérifie les titres de propriété et examine la situation hypothécaire de l'emprunteur ; 3° si les garanties sont suffisantes, le ministre, après avoir de nouveau pris l'avis de la commission supérieure, autorise le prêt par un arrêté qui en autorise les conditions générales ; 4° après l'accomplissement de ces formalités, il est procédé à la rédaction du contrat et à son exécution.

Ces formalités, nous le voyons, ne sont pas d'une simplicité parfaite, et il semble qu'elles aient été faites pour détourner tous les emprunteurs.

Conditions du prêt.

52. — Le prêt est fait sous la responsabilité et aux risques du Crédit foncier, qui doit s'assurer que les fonds prêtés reçoivent la destination indiquée. Le prêt est fait en numéraire. Le Trésor fait à la Société une commission de 45 centimes p. 100 par année sur le capital de chaque somme prêtée pour la couvrir, tant des risques mis à sa charge que des frais généraux relatifs au service qui lui est confié.

Le prêt est consenti par le Crédit foncier pour une durée de vingt-cinq ans. L'emprunt peut toujours être remboursé par anticipation, soit en totalité, soit en partie. Il est remboursable au moyen d'une annuité de 6 fr. 41 p. 100, comprenant l'intérêt calculé à 4 p. 100 et l'amortissement à 2 fr. 41

p. 100. Le recouvrement des annuités a lieu de la même manière que celui des contributions directes (loi du 17 juillet 1856, art. 2). Le Crédit foncier étant subrogé aux droits du Trésor, il a pour le recouvrement de l'année courante et de l'année échue, un privilége sur les récoltes ou revenus des terrains drainés, qui prend rang immédiatement après celui des contributions publiques et celui des sommes dues pour les semences et les frais de récolte de l'année. Pour le recouvrement du capital, il a un privilége sur les terrains drainés. Pour l'acquérir, le Crédit foncier doit faire dresser par un expert désigné par le juge de paix, de la situation des biens, un procès-verbal constatant l'état et la valeur des terrains à drainer. Le privilége se conserve par une inscription prise dans les deux mois de l'acte de prêt. Indépendamment de ce privilége, le Crédit foncier est autorisé à exiger de l'emprunteur une hypothèque sur la partie de sa propriété qui n'est pas drainée, s'il reconnaît la nécessité de ce supplément de garantie (art. 4, 6, 7 de la loi), auquel cas le Trésor ne lui fait alors que 35 c. p. 100 de commission.

Pour se procurer les fonds nécessaires pour effectuer les prêts, le Crédit foncier est autorisé à contracter, avec la garantie du Trésor, des emprunts successifs sous forme d'obligations dites *obligations de drainage*. Ces titres doivent être remboursés dans un délai de vingt-cinq ans au plus, à partir de leur création.

Résultats obtenus.

53. — La loi du 28 mai 1856 est restée presque sans application en France. Aux termes de cette loi, chaque année les ministres des finances et de l'agriculture devaient déterminer un maximum de prêt que le Crédit foncier ne pourrait dépasser. Ce maximum avait été fixé à 10 millions pour l'année 1859. C'était là une précaution bien inutile. C'est à peine, en effet, si le montant des prêts consentis depuis par le Crédit foncier dépasse un million. Il ne m'appartient point de rechercher ici quelles sont les causes d'inefficacité de la loi et les moyens d'y remédier. Ces causes sont multiples, elles tiennent en premier lieu aux formalités compliquées de l'emprunt ; mais elles résident aussi dans l'état de morcellement de notre sol, et peut-être un peu dans l'esprit de routine de nos petits propriétaires agricoles. Reconnaissons, du reste, que ces petits propriétaires, agissant d'une façon séparée, individuelle, ne trouveraient pas toujours dans la plus-value donnée à leur terre un dédommagement à leurs frais de drainage, frais relativement considérables. Pour drainer avec profit, ces propriétaires devraient s'entendre et former des associations syndicales, or, pour toute chose en France, l'entente est toujours fort difficile à obtenir, elle est surtout fort rare entre propriétaires voisins (1).

(1) En Angleterre, le drainage a produit de très-bons résultats.

CHAPITRE IV

PRÊTS AUX DÉPARTEMENTS, AUX COMMUNES, ASSOCIATIONS SYNDICALES, HOSPICES ET AUTRES ÉTABLISSEMENTS PUBLICS.

54. — Les ressources des départements et des communes consistent en général en revenus annuels. Il est, par suite, peu d'emprunteurs auxquels conviennent mieux qu'à ces communautés, le mode de libération par annuités. Ce n'est cependant que par la loi du 6 juillet 1860 que la Société du Crédit foncier a été autorisée à prêter dans les conditions, que nous examinerons plus loin, aux départements, communes, aux associations syndicales. Le bénéfice de cette loi a été étendu aux hospices et établissements publics par la loi du 26 février 1862. Les prêts réalisables en numéraire sont consentis par le Crédit foncier avec ou sans affectation hypothécaire. La Société doit donc examiner si l'autorisation d'emprunter a été valablement obtenue. Les formes de cette autorisation varient suivant qu'il s'agit d'un département, d'une commune, des associations syndicales, hospices ou établissements publics.

Les emprunts concernant les départements sont votés par le conseil général d'une manière

Il a été drainé plus de 500,000 hectares. Le gouvernement, à cet effet, avait avancé 180 millions aux propriétaires qui, grâce aux résultats avantageux obtenus, ont pu les rembourser en huit années.

définitive, quand ils sont remboursables dans un délai n'excédant pas douze années, sur les ressources ordinaires ou sur les centimes extraordinaires votés en exécution de la loi du 18 juillet 1866, article 2. Les emprunts concernant les communes sont votés par les conseils municipaux. L'approbation du préfet, un décret, une loi peuvent encore être nécessaires, suivant les cas prévus par les articles 3, 5 et 7 de la loi du 24 juillet 1867. Aux termes de la loi du 26 février 1862, les autorisations nécessaires aux hospices et établissements publics, pour emprunter au Crédit foncier sans hypothèque, sont les mêmes que celles nécessaires pour emprunter sur hypothèque. C'est dans la législation spéciale à chaque établissement que nous pourrons trouver les règles relatives à ces emprunts. La loi du 24 février 1867 nous indique celles que doivent suivre à cet égard les hospices, hôpitaux et autres établissements publics communaux. La commission administrative de ces établissements délibère sur l'emprunt qui ne peut être contracté qu'après approbation du préfet et sur l'avis conforme du conseil municipal, ou après un décret ou une loi qui l'autorise, suivant les distinctions faites par l'article 12 de la loi.

Quant aux associations syndicales, depuis la loi du 21 juin 1865, elles sont libres ou autorisées. C'est surtout à ces dernières, offrant plus de garanties, que le Crédit foncier peut prêter son concours. Dans tous les cas, c'est dans le règlement spécial à l'association que l'on trouvera le mode suivant lequel le prêt peut être fait.

55. — L'autorisation d'emprunter étant obtenue, le préfet, le maire, le représentant de l'établissement doivent transmettre au Crédit foncier : 1° copie de la délibération par laquelle l'emprunt a été voté; 2° ampliation de l'acte approbatif de l'emprunt; 3° le relevé des recettes et des dépenses ordinaires de la commune, d'après le compte rendu des trois dernières années; 4° un état certifié des dettes; 5° le budget de l'exercice courant; 6° copie de la délibération dûment approuvée par le préfet et portant que l'emprunt sera réalisé auprès du Crédit foncier. Cette délibération, du reste, doit être conforme à un modèle fourni par la Société. Si après avoir examiné les pièces, le conseil d'administration consent à faire le prêt, il en est donné avis aux préfet, maire, etc., et à partir de ce moment, les fonds, sauf convention contraire, sont disponibles.

CONDITIONS DES PRÊTS.

56. — « Les prêts sont consentis avec ou sans affectation hypothécaire et remboursables, soit à long terme par annuités, soit à court terme avec ou sans amortissement. Ils sont réalisés en numéraire. » (Art. 2, 3 de la loi du 6 juillet 1860.)

Les prêts à court terme sont peu importants. Les prêts à long terme sont contractés pour une durée de neuf à cinquante ans. Ils peuvent être remboursés par anticipation. Il est alors dû une idemnité de 1/2 p. 100 sur le capital remboursé. L'annuité varie de 5 fr. 86 à 14 fr. 33, suivant la durée du prêt. Le taux de l'intérêt y est fixé à 5 p. 100; la commission, pour frais d'administration, est de 40 c. p. 100 pendant les vingt premières années, 35 c. p. 100 pendant le reste du prêt. Les annuités courent du 31 janvier ou 31 juillet qui suit le consentement du prêt. Le Crédit foncier retient sur les sommes versées, l'intérêt sur le pied de 5 p. 100, et la commission de 40 centimes, depuis le jour du versement jusqu'à l'époque la plus prochaine des deux époques ci-dessus. Si le montant de l'emprunt doit être touché par fractions, les sommes laissées entre les mains de la Société après l'époque fixée comme point de départ des annuités, produisent un intérêt qui est de 4,40 p. 100 par an, si le dépôt ne se prolonge pas au delà de l'année, après quoi il n'est plus alloué que l'intérêt servi par le Crédit foncier sur les sommes remises en caisse en compte courant.

La réalisation de l'emprunt est constatée par un ou plusieurs récépissés des receveurs des finances, visés par le préfet, le maire ou le représentant de l'établissement public. L'emprunteur doit payer le coût de transport des fonds. Le ministre des finances se charge du reste du transport, moyennant une commission de 40 cent. pour 1,000 francs. Mais, dans ce cas, le Crédit foncier doit être prévenu vingt jours à l'avance par l'emprunteur, du jour du versement au Trésor.

57. — Entre le système de prêts autorisés par la loi du 6 juillet 1860 et celui pratiqué par le Crédit foncier vis-à-vis des emprunteurs ordinaires, il y a, nous le voyons, deux différences considérables : d'un côté, le prêt doit être réalisé en numéraire; de l'autre, le Crédit foncier a la faculté de prêter sans affectation hypothécaire. Le prêt doit être réalisé en numéraire, parce que le décret, la loi qui autorise un département, une commune à emprunter, doit déterminer le taux d'intérêt auquel l'emprunt pourra être contracté. Si le prêt était effectué en obligations, le cours de ces obligations étant inconnu, le taux d'intérêt ne pourrait être déterminé à l'avance. Le Crédit foncier peut prêter sans hypothèque, parce que le législateur a pensé que la nécessité de l'autorisation administrative pour emprunter, que les contributions votées chaque année, et au besoin imposées d'office, pour assurer le payement des annuités, constituaient une garantie aussi solide que celle assise sur un gage immobilier. C'est l'idée émise par M. Larrabure, rapporteur de la loi du 6 juillet : « Le gage hypothécaire, dit-il, par suite de dépréciation ou de détérioration, peut faillir quelquefois; il est sans exemple que de grandes communautés aient failli. » Ajoutons maintenant, qu'en représentation de ces prêts et jusqu'à concurrence de leur montant, le Crédit foncier est autorisé à créer et à négocier des obligations, mais des obligations distinctes qui ont pour garanties spéciales les créances provenant des prêts aux départements, aux communes, etc., tandis que les créances provenant de prêts hypothécaires demeurent affectées par privilége au payement des obligations créées en représentation de ces prêts. (Art. 5 et 6 de la loi.)

58. — La loi du 6 juillet 1860 a reçu en France une application fort étendue. Nous en donnerons les résultats dans notre troisième partie.

CHAPITRE V

OPÉRATIONS DU CRÉDIT FONCIER AVEC LE SOUS-COMPTOIR DES ENTREPRENEURS.

59. — L'institution du Sous-Comptoir des entrepreneurs remonte à 1848. La Banque de France n'escomptant que des effets revêtus de trois signatures, il avait été créé à cette époque, en vue d'aider le commerce et l'industrie, le *Comptoir national d'escompte* de Paris, chargé d'escompter les effets à deux signatures. Mais il pouvait encore arriver qu'un industriel, un commerçant, un entrepreneur ne pût donner que des effets souscrits par lui-même, et, par suite, non escomptables par le Comptoir d'escompte, alors que, possédant des produits fabriqués, des matières premières, des valeurs quelconques, son engagement personnel offrait cependant toute sécurité. En conséquence, le gouvernement, par un décret du

24 mars 1848, ordonna la création des sous-comptoirs chargés d'escompter les effets portant une seule signature, mais garantis par des marchandises, des créances, des valeurs incontestables. Le 11 avril de la même année fut, en particulier, fondé à Paris, le *Sous-Comptoir des entrepreneurs*. Autorisé plus tard, par le décret du 4 juillet 1848, à accepter des garanties immobilières par voie d'hypothèque ou de privilége, conformément à l'article 2103 du Code civil, il fut annexé au *Comptoir national*. Nanti de gages mobiliers ou immobiliers, ce sous-comptoir revêtait de sa signature les effets qui lui étaient remis, les passait à l'ordre du Comptoir national, et ce dernier y apposant sa troisième signature, ces effets pouvaient, dès lors, être présentés à l'escompte de la Banque de France. Du reste, par le décret du 24 mars 1848, le Sous-Comptoir des entrepreneurs était investi de certains priviléges. Ainsi, il était autorisé à prélever 1/4 p. 100 par mois de commission sur le produit net des sommes procurées. L'acte qui avait pour objet de constituer le nantissement à son profit, était enregistré au droit fixe de 2 fr. 20. Il lui était permis, huit jours après une simple mise en demeure et sans autorisation de justice, de faire procéder à la vente publique des marchandises données en gage. Plus tard, un décret du 4 juillet 1848 autorisa le ministre des finances à prêter 500,000 fr. sans intérêts au Sous-Comptoir, et à garantir ses opéra-

tions jusqu'à concurrence d'une somme de 4 millions et demi, restreinte plus tard à 2,500,000 fr. (loi du 6 juin 1857).

60. — Le but principal de la création du Sous-Comptoir des entrepreneurs, il faut bien le dire, était de faciliter la construction des maisons dans Paris. Ces constructions ayant pris une grande extension dans la suite, le montant des prêts sur gage immobilier augmenta dans des proportions considérables. Relativement à l'ouverture de crédit sur ce genre de gage, des difficultés inévitables s'élevèrent entre le Sous-Comptoir et le Comptoir national, destiné plus particulièrement aux escomptes commerciaux. Ces difficultés ne pouvaient que grandir tous les jours avec l'augmentation des demandes de crédit. La loi du 19 mai 1860 les fit disparaître. Aux termes de cette loi : « La Société de Crédit foncier de France est substituée au Comptoir d'escompte de Paris, pour toutes les opérations qu'il a été autorisé d'effectuer avec le Sous-Comptoir des entrepreneurs, par le décret du 24 mars et du 4 juillet 1848. La Société jouira, à cet effet, des priviléges et garanties accordés au Comptoir d'escompte par les décrets des 24 mars et 2 août 1848, et par la loi du 6 juin 1857. » Quant aux règles qui déterminent la marche à suivre dans les relations du Sous-Comptoir des entrepreneurs et du Crédit foncier, elles nous sont indiquées dans un traité passé entre le gouverneur du Crédit foncier et le directeur du Sous-Comptoir des entrepreneurs, le 19 mai 1859, et approuvé après la loi du 19 mai par le décret du 4 juillet 1860.

D'après cette convention, toute demande de crédit est adressée au Sous-Comptoir des entrepreneurs. La demande, approuvée par le conseil, est soumise au Crédit foncier qui l'examine à son tour. S'il l'approuve, l'acte constatant la convention est signé par l'accrédité et le directeur du Sous-Comptoir. Les formalités hypothécaires ou de nantissement sont régulièrement remplies et le crédit est ouvert au demandeur (art. 1 à 5 de la convention). La durée de ce crédit ne peut dépasser le temps nécessaire pour l'achèvement des travaux. Le Sous-Comptoir désigne un architecte pour surveiller l'exécution des travaux et pour certifier successivement le degré d'avancement déterminé pour chaque versement (art. 10). Trois mois avant chaque versement, l'accrédité signera, à l'ordre du Sous-Comptoir, un billet payable à trois mois ou à toute autre époque que la Banque aura fixée pour l'admission des effets à l'escompte. Ce billet de l'accrédité est endossé par le directeur du Sous-Comptoir des entrepreneurs et remis au Crédit foncier. Deux jours après, le montant en est versé au Sous-Comptoir, moins les intérêts au taux fixé par la Banque de France pour son escompte et une commission de 1 p. 100 par an. Les billets des accrédités sont renouvelés à leur échéance jusqu'à l'expiration du crédit. Les renouvellements doivent être remis au Crédit foncier deux jours avant l'échéance pour être échangés contre les billets échus. Lors des renouvellements, le Sous-Comptoir devra remettre au Crédit foncier le montant de l'escompte et de la commission applicables à la période à courir. Ces dispositions, concernant les billets des accrédités, s'appliquent aux crédits sur nantissement mobilier, aussi bien qu'aux crédits sur hypothèque (art. 10 à 15 de la convention).

61. — « Dans le cas où (art. 7, 8 et 9 de la convention), après l'entier achèvement de l'immeuble, pour la construction duquel le crédit a été ouvert, ce crédit viendrait à cesser pour une cause quelconque, et où l'accrédité n'acquitterait pas ses effets, il devra remplir les formalités nécessaires pour remplacer le crédit ouvert par un prêt du Crédit foncier. Ce prêt ne dépassera jamais la moitié de la valeur de l'objet hypothéqué d'après l'estimation du Crédit foncier. Cet établissement pourra le réaliser dans les conditions ordinaires de ses prêts, soit en argent, soit en obligations qui seront livrées au pair et négociées par l'intermédiaire du Sous-Comptoir, aux risques et périls de l'accrédité. Le prix sera employé à rembourser le crédit ouvert par le Sous-Comptoir. Si le découvert du Sous-Comptoir dépasse le produit de la négociation, il sera loisible au Sous-Comptoir d'exiger de l'accrédité le remboursement immédiat de la différence, ou de lui accorder un délai pour ce remboursement ; mais en cédant, dans ce cas, son rang hypothécaire au Crédit foncier, qui devra toujours être inscrit en première ligne. L'obligation de remplacer le crédit par un prêt du Crédit foncier ne sera pas applicable aux crédits ouverts sur nantissement de créances, de valeurs ou de marchandises. »

Ces derniers articles contiennent une disposition dont l'importance ne peut nous échapper. Le Crédit foncier ne prête que sur des immeubles d'un revenu durable et certain; par suite, l'entrepreneur, qui n'a d'autre gage que des immeubles non bâtis, ne peut directement s'adresser à cette Société. Il s'adresse alors au Sous-Comptoir des entrepreneurs, qui, secondé par le Crédit foncier, lui accordera une ouverture de crédit jusqu'à ce que, sa construction étant achevée, son immeuble soit d'un revenu durable et certain. Si alors l'entrepreneur ne peut, ce qui arrive le plus souvent, rembourser à l'échéance, il peut convertir son ouverture de crédit en un emprunt à long terme au Crédit foncier. Nous voyons, par là, qu'entre les deux établissements, il existe une affinité étroite. Pour le Crédit foncier, le Sous-Comptoir est un intermédiaire utile. Le Sous-Comptoir ne peut rien, de son côté, sans le concours du Crédit foncier. A quelles conditions et dans quelles limites ce concours est-il donné? La convention du 19 mars 1859 nous l'indique : « La limite des crédits ouverts par le Sous-Comptoir des entrepreneurs, avec le consentement du Crédit foncier, sera fixée par le conseil d'administration de cette dernière Société, sans pouvoir dépasser le double du capital des actions émises par le Crédit foncier et du fonds social du Sous-Comptoir des entrepreneurs. Cette limite atteinte, le Crédit foncier devra cesser de donner son adhésion aux opérations nouvelles que le Sous-Comptoir lui proposera. Les trois quarts du capital réalisé du Sous-Comptoir seront déposés au Crédit foncier à titre de garantie. Le Sous-Comptoir avec le quart disponible de son fonds, ne peut faire aucune opération sans l'approbation du Crédit foncier, qui a, auprès du Sous-Comptoir, un délégué qui surveille ses opérations: ses livres, la comptabilité, et généralement toutes les écritures sociales doivent lui être communiquées à toute réquisition. »

62. — Tel est, en résumé, l'ensemble des relations établies entre le Crédit foncier et le Sous-Comptoir des entrepreneurs. Ces établissements, nous le voyons, se complètent l'un par l'autre, se rendent des services réciproques. Aussi, le traité du 19 mars 1859, qui devait prendre fin en 1867, a-t-il été prorogé, vu l'importance croissante des opérations du Sous-Comptoir des entrepreneurs, pour dix années, à partir du 18 mars 1867, suivant convention passée, le 17 mars 1866, entre le gouverneur du Crédit foncier et le directeur du Sous-Comptoir des entrepreneurs.

CHAPITRE VI

EXTENSION AU TERRITOIRE DE L'ALGÉRIE DES OPÉRATIONS DU CRÉDIT FONCIER.

63. — Par un décret du 11 janvier 1860, la Société de Crédit foncier reçut l'autorisation d'étendre ses opérations au territoire de l'Algérie. Les formalités à remplir par les propriétaires pour obtenir l'emprunt sont les mêmes que pour les propriétaires établis en France. Mais les conditions des prêts diffèrent sous plusieurs points de vue.

Aux termes du décret du 11 janvier 1860 : 1° Les prêts faits par le Crédit foncier aux propriétaires d'immeubles situés en Algérie ne peuvent dépasser 5 p. 100 de la totalité des prêts qui auront été consentis sur le territoire continental de la France; 2° le taux légal de l'intérêt établi en Algérie étant de 10 p. 100, l'intérêt compris dans l'annuité ne peut s'élever en Algérie à plus de 8 p. 100; 3° en revanche, le prêt ne peut être réalisé qu'en numéraire; 4° la durée des prêts est fixée à trente années au plus; 5° la commission allouée au Crédit foncier est de 1 fr. 20 au lieu de 60 c. p. 100. Des conditions beaucoup plus onéreuses sont donc, nous le voyons, imposées aux prêts consentis sur immeubles situés en Algérie.

Cela tient à ce que la position de cette contrée n'inspire pas une confiance aussi grande que celle du territoire continental. Le prêteur y voit des garanties moins solides, des risques plus considérables ; ses exigences, par suite, en deviennent plus grandes. La propriété privée en Algérie n'est pas, en effet, toujours assez régulièrement établie pour lui offrir une sécurité suffisante contre toute action en revendication. Et dans tous les cas, la possession des immeubles, surtout loin des villes et des centres habités, n'est pas exempte de trouble et de dangers. La valeur des terres est, par là même, diminuée, et avec elle, le crédit du propriétaire.

Ajoutez aussi qu'au milieu de cette population hétérogène composée d'éléments les plus divers, le prêteur s'expose à ne pas toujours rencontrer les sentiments d'honneur et de fidélité parfaite aux engagements pris. En raison de ces circonstances, le taux de l'argent est fort élevé en Algérie ; il n'est pas rare de voir prêter à 3 p. 100 par mois, soit 36 pour 100 par an.

Ce loyer excessif de l'argent, l'intervention du Crédit foncier en Algérie ne l'a pas fait baisser. Les prêts réalisés ont été peu importants, il n'y a pas lieu de s'en étonner. En raison, en effet, des conditions particulières des propriétés offertes en garanties de la difficulté du recouvrement des annuités et de la réalisation du gage, la Société n'a cru devoir accueillir qu'une faible quantité de demandes. Il serait peut-être injuste de l'en blâmer. Mais dès lors, il est à craindre que ses opérations ne s'y développent que lentement, alors que les bases de la propriété deviendront plus solides, à mesure que la colonisation et surtout, les années y aidant, les incertitudes et les dangers disparaîtront dans notre colonie.

64. — Au territoire de l'Algérie a été également étendue la loi du 6 juillet 1860. Cette loi y a reçu une application relativement considérable, et le chiffre des prêts consentis depuis s'élève à environ 11 millions.

TITRE III

Des priviléges accordés à la Société du Crédit foncier de France, pour la sûreté et le recouvrement des prêts hypothécaires.

65. — Toute banque foncière, avons-nous déjà dit, pour pouvoir inspirer confiance aux porteurs, doit trouver une sécurité complète et certaine dans ses prêts, des moyens rapides expéditifs de recouvrement. Cette sécurité, ces moyens, notre droit commun ne pouvait les fournir, le décret du 28 février 1852 les a donnés. Ces priviléges accordés à la Société du Crédit foncier de France sont énumérés dans le titre 3 du décret. Les uns ont trait à la sûreté du prêt, ils font l'objet du chapitre 1er du titre; les autres concernent son recouvrement, nous les étudierons dans le chapitre deuxième.

CHAPITRE I

PRIVILÉGES POUR LA SURETÉ DU PRÊT. — DE LA PURGE.

66. — Les prêts consentis par le Crédit foncier aux particuliers doivent être garantis par une première hypothèque. Or, dans tout pays où la législation reconnaît la publicité des actes translatifs de propriété et des droits qui grèvent les biens offerts en garantie, il est facile de s'assurer si cette priorité de rang leur est définitivement et irrévocablement acquise. Mais telle n'était pas, nous le savons, notre législation française en 1852. Si donc, on eût appliqué le droit commun au Crédit foncier, cette Société n'eût jamais été sûre de prêter sur première hypothèque. Dès lors, le législateur devait la mettre à même de connaître, avant de réaliser ses prêts, tous les droits occultes qui pouvaient exister sur les immeubles. Le moyen qu'il cherchait, il le trouva dans notre Code civil, c'est la purge légale. Il y a, nous le savons, la purge des hypothèques inscrites et celle des hypothèques non inscrites. Son effet, est d'affranchir complétement l'immeuble des hyhothèques et priviléges qui le grèvent du chef des précédents propriétaires et de prévenir les poursuites des créanciers hypothécaires. C'est en même temps un moyen de faire apparaître par une mise en demeure toutes les hypothèques occultes qui grèvent l'immeuble acquis. Mais dans notre Code civil, cette purge n'a lieu qu'en cas d'aliénation ; le législateur l'a appliquée en étendant ses effets aux prêts faits par le Crédit foncier. L'article 8 du décret du 28 février 1852 portait, en effet : « Nul prêt ne peut être réalisé qu'après l'accomplissement des formalités prescrites par le titre IV du présent décret pour purger : 1° les hypothèques légales, sauf le cas de subrogation par la femme à cette hypothèque ; 2° les actions résolutoires et rescisoires et les priviléges non inscrits. » La purge était par suite obligatoire et publique dans tous les cas. Le législateur était allé trop loin. En permettant la purge des actions rescisoires, il attaquait les droits consacrés par le Code, droits d'autant plus respectables qu'ils appartiennent à des parties victimes de dol, de fraude ou de violence ; dans l'impossibilité, du reste, de faire les actes conservatoires d'une action dont ils peuvent ignorer la cause. Cette disposition, la loi du 10 juin 1853 l'a abrogée (art. 8). En même temps, le législateur, en présence du projet de loi sur la transcription, crut devoir restreindre l'application de la purge aux hypothèques légales qui existent indépendamment de l'inscription, c'est-à-dire celle des femmes mariées, des mineurs et interdits. C'est cette loi de 1853 qui règle aujourd'hui la matière qui va maintenant nous occuper.

67. — Nous examinerons successivement les cas où cette purge doit être employée, les formalités dans lesquelles elle doit être faite ; nous rechercherons enfin, après avoir étudié ses effets, comment, grâce à la loi du 23 mars 1855, que nous supposerons dès lors connue, ce privilége accordé au Crédit foncier est suffisant pour permettre à cette Société de prêter sûrement sur hypothèque.

SECTION I

Cas dans lesquels il y a lieu de procéder à la purge.

68. — Aux termes de l'article 8 précité du décret du 28 février 1852, la purge n'était pas seulement un privilége pour les Sociétés de Crédit foncier, c'était une obligation. Or, dans certains cas, elle était inutile et n'avait pour résultat que d'augmenter les frais de l'emprunteur et de lui faire subir des lenteurs considérables. La loi du 10 juin 1853, dans son article 2, l'a rendue facultative. C'est, par suite, à la Société du Crédit foncier d'apprécier les cas où il convient de remplir cette formalité.

69. — Le point de départ de son examen se trouve dans les déclarations de l'emprunteur. Nous avons vu, en effet, que dans sa demande d'emprunt, l'emprunteur doit déclarer : 1° s'il est marié, veuf ou célibataire; 2° dans le premier cas, sous quel régime il est marié; 3° s'il est, ou a été tuteur de mineur ou d'interdit. Ces déclarations doivent, autant que possible, être appuyées de renseignements et pièces en attestant la sincérité, sincérité dont la Socicté doit s'assurer autant que possible. Nous avons examiné, en nous occupant des demandes d'emprunt, les moyens qu'elle emploie à cet effet.

70. — Cet examen peut conduire à trois résultats différents : 1° à la certitude qu'il n'a pas existé sur les biens d'hypothèques légales ou qu'elles sont éteintes; 2° à la conviction qu'il en existe; 3° au doute à l'incertitude.

1° S'il est certain qu'il n'existe pas ou n'existe plus d'hypothèque légale sur les biens, dans ce cas la purge est inutile. Telle sera, par exemple, le cas où une année s'étant écoulée depuis la dissolution du mariage, la cessation de la tutelle ou de l'interdiction, le Crédit foncier n'aurait pas à craindre alors l'hypothèque légale qui n'aurait pas été inscrite dans ce délai (art. 8 de la loi du 23 mars 1855).

2° S'il est démontré que les immeubles offerts en garantie sont frappés d'une ou plusieurs hypothèques légales, il faut, en général, procéder à la purge, à moins que le Crédit foncier n'ait assuré quand même priorité de rang à son hypothèque. C'est ce qui arrive, comme nous l'avons dit, quand la femme mariée sous un régime qui ne l'empêche pas de s'engager personnellement, interviendra au contrat pour s'engager solidairement avec son mari, soit pour renoncer à son hypothèque légale, soit pour y subroger le prêteur, ou que son hypothèque étant inscrite, elle donne mainlevée de son inscription au profit du Crédit foncier, conformément à l'article 9 du décret du 28 février 1852. Il en est de même au cas où l'hypothèque légale existante, étant celle d'un mineur, d'un interdit, conformément aux articles 2141 et 2143 du Code civil, elle aurait été restreinte à certains immeubles. Le mineur devenu majeur, l'interdit relevé de l'interdiction, auraient également pu renoncer à leur hypothèque, en donner main levée vis-à-vis de la Société ou consentir antériorité à leur profit. Enfin, si l'hypothèque était inscrite mainlevée, pourrait en être donnée conformément à l'article 9 du décret du 28 février 1852. Dans tous ces cas, la purge ne serait pas indispensable.

3° Enfin, il peut arriver qu'après examen de la demande, la Société n'acquière pas une certitude complète sur la question de savoir si les immeubles hypothéqués sont ou non frappés d'hypothèques légales. Dans ce cas, la purge sera généralement une précaution utile. Sans doute, la Société devra tenir compte des circonstances, de l'importance du prêt, de la position de fortune de l'emprunteur, etc.; mais mieux vaut faire un usage trop fréquent de la purge, que de risquer de causer un préjudice aux porteurs de titres et de compromettre, par suite, le crédit de la Société.

71. — La Société ne dispense donc jamais l'emprunteur des formalités de la purge qu'après un examen approfondi. Chaque demande en dispense de purge est l'objet d'un rapport adressé à l'administration par les correspondants de la Société, qui se renseignent avant tout auprès du notaire de l'emprunteur, sur l'état civil de ce dernier et la sincérité de ses déclarations.

Remarquons, du reste, que la purge ayant pour but d'affranchir la propriété de l'emprunteur à l'égard du Crédit foncier, des hypothèques légales connues ou inconnues qui peuvent exister, soit du chef des précédents propriétaires, soit du chef des emprunteurs, la dispense peut en être accordée d'une manière absolue ou seulement partielle. Tel est l'exemple fourni dans les instructions de la Société, où l'emprunteur, ayant acheté l'immeuble offert en garantie, lors de son acquisition, remplit les formalités prescrites par l'article 2193 et suivants du Code civil, pour purger les hypothèques légales, tant sur son vendeur que sur les anciens propriétaires. Mais, lui-même marié, est passible de l'hypothèque légale de sa femme qui, étant mariée sous le régime dotal, ne peut y renoncer. Dans ce cas, s'il est certain d'ailleurs que l'emprunteur n'a jamais été marié qu'une fois, qu'il n'a jamais été tuteur, on lui accordera la dispense de purge à l'égard des hypothèques légales inconnues, et l'on se contentera de purger celle de sa femme.

Dans tous les cas, nous le disons à nouveau, la Société ne saurait se prémunir avec trop de soin contre les imprudences et les témérités, elle ne doit accorder dispense de purge qu'en pleine connaissance de cause, alors qu'elle est certaine de son inutilité.

SECTION II

Des formalités de la purge.

72. — Aux termes de l'article 2194 du Code civil, la purge des hypothèques légales s'opère de la façon suivante : une copie collationnée du contrat translatif de propriété est déposée au greffe du tribunal civil du lieu de la situation des biens. Le dépôt est signifié tant à la femme ou au subrogé-tuteur qu'au procureur de la République. Un extrait du contrat est et demeure affiché pendant deux mois dans l'auditoire du tribunal. Lorsque ceux du chef desquels il pourrait être pris des inscriptions d'hypothèques légales sont inconnus, la signification aux parties est remplacée par une insertion dans un journal.

Ce système, long et coûteux, n'a point été appliqué à la purge spéciale au Crédit foncier. Le premier projet du gouvernement qui présentait un seul mode de purge pour les hypothèques légales et les actions résolutoires, consistait à supprimer le dépôt au greffe et abréger les délais d'un mois. La commission législative avait adopté un système tout différent : elle exigeait, de la part de l'emprunteur, dépôt au greffe d'un acte indiquant son état civil, la nature de son immeuble et son titre de propriété. Cet acte était communiqué dans les vingt-quatre heures au procureur de la République, qui, dans les trois jours, devait y joindre ses conclusions, et provoquait, si cela lui paraissait utile, telles inscriptions que de droit. De ces deux systèmes, le décret du 28 février 1852 n'a reproduit ni l'un ni l'autre. Les articles 19 à 25 du décret du 28 février 1852, qui traitent de la purge, ont été remplacés plus tard par l'article 1er de la loi du 10 juin 1853. Mais cet article n'a fait que réparer des oublis ou compléter le décret dans ce qu'il avait d'insuffisant.

73. — Le nouveau système introduit repose sur la distinction établie entre la purge des hypothèques légales connues et celle des hypothèques légales inconnues. Nous allons l'étudier dans ces deux différents cas.

I. — PURGE DES HYPOTHÈQUES LÉGALES CONNUES.

74. — On entend par hypothèques légales connues celles qui militent au profit de personnes dont l'existence et l'individualité sont suffisamment connues de la Société, pour qu'une notification puisse leur être valablement faite. Pour opérer la purge de ces hypothèques, il faut signifier aux personnes ayant droit à l'hypothèque, ou à leurs représentants, l'extrait de l'acte constitutif d'hypothèque contenant, sous peine de nullité, la date du contrat, les nom, prénoms, profession, domicile de l'emprunteur, la désignation et la situation de l'immeuble ainsi que la mention du montant du prêt. Il doit en outre contenir avertissement que, pour conserver vis-à-vis de la Société le rang de l'hypothèque légale, il est nécessaire de la faire inscrire dans les quinze jours, à partir de la signification, outre les délais d'un jour par trois myriamètres, entre le lieu de la signification faite et celui où doit être prise l'inscription (art. 20 de la loi du 10 juin 1853.)

75. — Nous devons maintenant examiner dans plus de détails à qui et comment doit être signifié l'extrait. Pour mieux comprendre les dispositions de la loi, ici une sous-distinction est indispensable entre le cas où les hypothèques légales qu'il s'agit de purger existent du chef des précédents propriétaires et celui où elles existent du chef de l'emprunteur lui-même.

Hypothèques légales existant du chef des précédents propriétaires.

76. — Il faut supposer pour cela que, parmi les immeubles offerts en garantie, il s'en trouve un ou plusieurs qui, avant de passer dans les mains de l'emprunteur, ont appartenu à un homme marié, ou à un tuteur, sans que les hypothèques légales aient été éteintes avant l'emprunt. Nous devons également supposer que les personnes qui ont droit à l'hypothèque légale sont connues de la Société. Conformément à l'article 19 du décret modifié par la loi du 10 juin 1853, la signification doit alors être faite « à la femme et au mari, au tuteur et au subrogé tuteur du mineur et de l'interdit, au mineur émancipé et au curateur, à tous les créanciers non inscrits ayant hypothèque légale. »

1° *Signification à la femme et au mari.* — Cette signification aura lieu, soit quand le mariage qui a donné naissance à l'hypothèque légale subsiste encore, soit quand la femme ayant convolé en secondes noces, dix mois après la mort de son mari et avant l'expiration de l'année, le prêt aux héritiers du mari a lieu dans cet intervalle. Il doit y avoir deux copies séparées, l'une pour le mari, l'autre pour la femme. Ces deux copies seront remises au domicile du mari et, par suite, à celui de la femme, sans qu'il soit besoin d'en remettre une à la personne de la femme elle-même, car ici le mari n'est pas emprunteur. Si la femme était veuve et majeure, signification à elle seule suffirait.

2° *Signification au tuteur et au subrogé tuteur du mineur ou de l'interdit.* — Par cette signification, le tuteur sera averti, comme précédemment pour sa femme, de prendre inscription dans l'intérêt de son pupille. Mais, comme le plus souvent le tuteur auquel la signification est faite est celui sur lequel pèse l'hypothèque qui va être purgée, la signification au subrogé tuteur est la meilleure garantie pour l'incapable. Ausi, dans le cas où il n'y a pas de subrogé tuteur, la Société en fait nommer un.

3° *Signification au mineur émancipé et à son curateur.* — Lorsque dans l'espèce qui nous occupe, l'hypothèque appartient à un mineur émancipé, la loi exige que signification soit faite au mineur émancipé et à son curateur, afin que celui-ci l'éclaire sur l'importance de l'inscription à prendre. Si le mineur est devenu majeur, si l'interdit recouvre sa capacité, signification est faite à lui seul. Du reste, si une année s'était écoulée depuis la cessation de la tutelle ou de l'interdiction, la purge deviendrait inutile, puisque, d'après la loi de 1855, inscription a dû être prise dans ce délai pour conserver l'hypothèque légale.

4° *Signification est faite à tous les créanciers non inscrits ayant hypothèque légale.* — Il faut ici supposer que la femme ait cédé son hypothèque, que la femme ou le mineur soit décédé, et que l'hypothèque alors appartienne à leurs cessionnaires ou héritiers. Ce sont ces derniers auxquels signification devait être faite. Mais depuis la loi du 23 mai 1855, cette signification est devenue inutile, ces créanciers devant prendre inscription pour être saisi envers les tiers.

Dans tous ces cas, on doit s'en référer aux règles du droit commun, pour savoir à quel domicile doivent être faites les significations. La Société signifie au domicile réel de la personne, quand elle le connaît, et à son domicile élu, s'il y en a un. Si la personne n'a pas de domicile connu en France, la signification peut être valablement faite au lieu de sa résidence actuelle. Si enfin le lieu de cette résidence n'était pas connu, la copie de l'acte est affichée à la principale porte de l'auditoire du tribunal de la situation des biens, et une seconde copie est donnée au procureur de la République, lequel vise l'original.

Hypothèques légales existant du chef de l'emprunteur.

77. — L'examen de la demande peut faire connaître au Crédit foncier des hypothèques légales grevant les biens du chef de l'emprunteur. Deux cas distincts peuvent ici se présenter : ou le mariage, la tutelle qui a donné naissance à l'hypothèque, existe encore au moment de l'emprunt, ou ce mariage est dissous par la mort de la femme, cette tutelle est éteinte. Dans le dernier cas, l'hypothèque légale (loi du 23 mars 1855) continue à peser sur les biens à l'égard des tiers, et sans nécessité d'une inscription pendant un an, à partir de la dissolution du mariage, de la majorité du pupille, du jour où l'interdit a été relevé de son interdiction. La purge ne sera utile que si l'emprunt a lieu dans cette année, et alors elle consiste, comme précédemment, dans une signification faite aux personnes indiquées par l'article 19 du décret modifié et dans l'expiration du délai de quinzaine, outre les délais de distance sans inscription.

Mais lorsque l'emprunteur est encore marié ou tuteur au moment du contrat, les formalités de la purge sont ici différentes ; elles varient, du reste, suivant qu'il s'agit de l'hypothèque légale de la femme ou bien de celle du mineur ou de l'interdit :

1° S'il s'agit d'une hypothèque légale de la femme d'après le décret du 28 février 1852, ou la femme était présente au contrat, et alors la purge consistait tout simplement dans l'avertissement que lui donnait le notaire, qu'elle avait quinze jours pour faire inscrire son hypothèque, si elle tenait à la conserver vis-à-vis de la Société ; ou elle n'était pas présente au contrat, et alors une signification était nécessaire. Cette signification devait être faite à la femme, *en sa personne*, avec ordre de prendre inscription dans la quinzaine. Si l'exploit n'avait pu être remis à la personne de la femme elle-même, signification devait alors être faite à domicile; semblable extrait était remis au ministère public, insertion faite dans les journaux; le délai pour prendre inscription était alors de quarante jours.

La loi du 10 juin 1853, tout en reproduisant ce système, y a cependant apporté quelques modifications, dans le but d'augmenter encore les garanties de la femme.

Si la femme est présente au contrat, et si elle a reçu du notaire l'avertissement précité, signification de l'extrait doit quand même lui être faite en sa personne ou à son domicile, avec invitation de prendre inscription dans les quinze jours; signification doit également être faite au mari emprunteur, afin de lui rappeler qu'il a le devoir de prendre inscription pour conserver l'hypothèque de sa femme (art. 21 du décret modifié). Cette dernière signification semble devoir être toujours illusoire: car on ne comprend guère que le mari, voulant emprunter, se décide à prendre sur ses biens une inscription qui paralyserait son crédit.

Si la femme n'a pas été présente au contrat, ou si, présente, elle n'a pas reçu l'avertissement du notaire, la signification doit alors être faite et à son mari et à elle *en sa personne*. Si la signification n'a pu être faite qu'à domicile, les formations nécessaires pour la purge des hypothèques légales inconnues doivent être remplies (art. 22 du décret modifié).

Si nous supposons que la femme de l'emprunteur soit mineure, comme par là même elle ne peut subroger le Crédit foncier dans son hypothèque, la purge est alors nécessaire. Dans ce cas, le curateur de la femme étant le mari emprunteur, le Crédit foncier fait nommer un curateur *ad hoc* pour recevoir, en même temps que le mari et la femme, la signification prescrite par l'article 19.

2° Si nous supposons maintenant qu'il s'agisse de purger une hypothèque légale d'un mineur ou d'un interdit encore placé sous la tutelle de l'emprunteur, l'article 23 du décret modifié nous indique les formalités à remplir : « Si l'emprunteur est, au moment de l'emprunt, tuteur d'un mineur ou d'un interdit, la signification est faite au subrogé tuteur et au juge de paix du lieu dans lequel la tutelle est ouverte. Dans la quinzaine de la signification, le juge de paix convoque le conseil de famille en présence du subrogé tuteur. » Conseil de famille dont le pouvoir n'est soumis à aucun contrôle. Si la délibération est affirmative, l'hypothèque est inscrite par le subrogé tuteur qui, s'il ne prend pas inscription, est responsable, vis-à-vis du mineur ou interdit, du préjudice que sa négligence aurait causé. L'inscription peut encore être prise, mais sans aucune responsabilité de leur part, par les parents ou amis du mineur ou par le juge de paix : le tout dans un délai qui, fixé à huit jours par le décret primitif, a été étendu à quinze par la loi du 10 juin 1853.

II. — PURGE DES HYPOTHÈQUES LÉGALES INCONNUES.

78. — On entend par hypothèques légales inconnues, celles qui peuvent militer au profit de personnes dont l'existence et l'individualité ne sont point connues de la Société, de manière qu'elle puisse les mettre à même de prendre inscription. Toutes les fois que la Société sera induite à penser, après examen de la demande, qu'il peut exister des hypothèques légales sur les biens offerts en garantie ou que même elle aura la certitude de l'existence de cette hypothèque, mais sans en connaître les ayants droit d'une manière suffisante pour leur pouvoir valablement signifier l'extrait, il y aura lieu à procéder à la purge de ces hypothèques. Les formalités sont les mêmes dans tous les cas, sans qu'il y ait lieu de distinguer entre les hypothèques légales existant du chef de l'emprunteur ou du chef des précédents propriétaires. Elles nous sont indiquées par l'article 24 du décret modifié, qui porte : « Pour purger les hypothèques légales inconnues, l'extrait de l'acte constitutif d'hypothèque doit être notifié et au procureur impérial près le tribunal de l'arrondissement dans lequel l'immeuble est situé, et (ceci n'existait pas dans le décret primitif) au procureur impérial près le tribunal de l'arrondissement du domicile de l'emprunteur. Cet extrait doit être inséré avec la mention des significations faites dans l'un des journaux désignés pour la publication des annonces judiciaires de l'arrondissement dans lequel l'immeuble est situé. L'inscription doit être prise dans les quarante jours de cette insertion. »

79. — *Résumé.* — Nous venons d'étudier les formalités de la purge des hypothèques légales connues et celle des hypothèques légales inconnues. En résumé, dans le premier cas, la purge s'opère par la signification d'un extrait du contrat constitutif d'hypothèque au titulaire du droit ou à son représentant; et, dans le second cas, par une notification de cet extrait au ministère public, et par l'insertion dans un journal. L'immeuble est affranchi après l'expiration d'un certain délai, sans qu'il ait été pris inscription.

80. — *Combinaison des différents modes de purge.* — Les différents modes de purge que nous venons d'examiner ne seront pas toujours, on le comprend, isolément employés. Il peut se faire, en effet, qu'il y ait à la fois plusieurs hypothèques légales connues, existant et du chef de l'emprunteur et du chef des précédents propriétaires, garantissant les droits de femmes, mineurs ou interdits. Il arrive qu'il y a à la fois et des hypothèques légales connues et des hypothèques légales inconnues. Dans tous ces cas, il y aura lieu de combiner les différents modes de purge que nous avons exposés. L'application en est facile. Prenons des exemples : L'emprunteur est tuteur et marié, sa femme est présente au contrat. Il faudra ici faire une signification à l'emprunteur, comme mari et comme tuteur au subrogé tuteur, et à la femme en sa personne ou à domicile. De même l'emprunteur est tuteur ; il est marié, sa femme a été présente au contrat. L'un de ses biens est grevé au profit des héritiers majeurs d'un précédent pupille, qui, se trouvant dans l'année du décès, n'ont pas encore inscrit ; un autre est frappé d'une hypothèque légale au profit de la veuve d'un ancien propriétaire, qui est également dans l'année du décès sans avoir pris inscription, enfin on juge prudent de faire la purge des hypothèques légales inconnues. Il faut ici faire une signification à l'emprunteur, comme tuteur et mari, au subrogé tuteur, à la femme de l'emprunteur en sa personne ou domicile, aux héritiers connus du précédent pupille, à la veuve du précédent propriétaire, aux deux procureurs de la république ; en outre, il doit y avoir insertion dans les journaux. Dans ce dernier cas, la purge ne peut s'effectuer que par un délai de quarante jours après insertion.

Par ces exemples, nous voyons qu'il sera facile de connaître les divers modes de purge qu'il est nécessaire d'appliquer ou de les combiner au besoin dans chaque cas particulier.

SECTION III

Effets de l'accomplissement de la purge.

81. — Aux termes de l'article 25 du décret modifié : « La purge est opérée par le défaut d'inscription dans les délais fixés par les articles précédents. » Ces délais, nous le savons, sont de quinze ou quarante jours, mais on peut se demander si le délai déterminé pour chaque mode de purge est de rigueur. Après son expiration, mais avant que le prêt soit réalisé, est-il possible encore de prendre efficacement une inscription dans l'intérêt des incapables ? Par exemple, supposons qu'il y ait lieu de purger l'hypothèque légale connue d'une femme, et en même temps de procéder à la purge des hypothèques inconnues. La femme ne peut-elle pas prendre son inscription après les quinze jours de la signification à elle faite, alors que la Société ne peut encore réaliser le prêt, et est obligée d'attendre quarante jours après insertion dans les journaux ? En présence des termes formels de la loi, nous devons refuser cette faculté à la femme, et dans tous les cas décider que les délais fixés sont de rigueur. Décider autrement, ce serait faire une distinction que les articles 20, 23, 24, 25 du décret ne font pas.

82. — La purge, aux termes de l'article 25 précité, a pour effet de conférer au Crédit foncier la priorité sur les hypothèques légales ; mais cette purge étant exceptionnelle et spéciale au Crédit foncier, elle ne profite pas aux tiers qui demeurent assujettis aux formalités prescrites par les articles 2193, 2194, 2195 du Code civil. Par conséquent, les tiers qui se rendraient acquéreurs immédiatement après la purge opérée au profit du Crédit foncier, ne seraient pas dispensés, pour se mettre à l'abri des hypothèque légales, de recourir aux formalités prescrites par le Code civil. Il semble cependant difficile d'appliquer cette disposition au cas où un tiers ayant remboursé la Société, se serait fait subroger dans sa créance.

83. — Les délais de la purge passés, et aucune inscription n'ayant été prise, le Crédit foncier peut donc prêter sans crainte d'être primé par les hypothèques légales non inscrites. Mais, en dehors de ces hypothèques, n'existe-il pas des droits occultes, dont l'exercice pourrait avoir pour conséquence la nullité de l'hypothèque consentie au profit du Crédit foncier ? Ces droits étaient forts nombreux en 1852, le décret du 28 février en avait permis la purge. Si la loi du 10 juin 1853 est venue plus tard restreindre ce privilége, c'est que la loi sur la transcription, alors en discussion et devenue depuis la loi du 23 mars 1855, rendait la purge inutile dans la plupart des autres cas. Cependant cette loi, qui ne soumet pas, du reste, à la publicité les acquisitions par testament, succession, prescription, laisse encore subsister d'autres droits occultes, dont l'exercice peut avoir pour conséquence l'expropriation du propriétaire apparent, et la nullité, dans certains cas, des aliénations hypothécaires par lui consenties. Tels sont entre autres : l'action en révocation de la donation pour cause d'inexécution des charges, pour ingratitude ou survenance d'enfants (art. 953 C. civ.), l'action en réduction de ces donations (art. 930), l'action en rescision d'un partage d'ascendant ou entre cohéritiers pour lésion de plus du quart (887, 1079), celle de l'acheteur de l'immeuble pour lésion de plus des 7/12, l'action Paulienne en cas de fraude. L'existence de ces droits, on le comprend, ne peut être subordonnée à aucun mode de publicité. La plupart du temps cependant un examen attentif, de la part de la Société, des titres de propriété pourra les révéler. Il appartient alors au Crédit foncier d'en apprécier l'importance et, par conséquent, de s'en garantir avant de consentir le prêt.

Quant aux priviléges qui pourraient grever les biens offerts en garantie, les uns ne sont soumis à aucune inscription : ce sont ceux de l'art. 2101 du Code civil. Mais ces priviléges ne s'exercent sur l'immeuble que dans le cas d'insuffisance du mobilier, circonstance qui n'est pas très-fréquente. Cependant, quand l'immeuble offert en garantie est d'une valeur minime, la Société du Crédit foncier doit les faire entrer en ligne de compte.

Les autres priviléges sont soumis à l'inscription. Parmi ceux-là nous trouvons d'abord : 1° le privilége du vendeur et du subrogé au vendeur. Aux termes de la loi du 23 mars 1855, le vendeur dont l'acquéreur viendrait à sous-aliéner l'immeuble, ne peut plus valablement inscrire son privilége si l'acte de sous-aliénation a été déjà transcrit, à moins, cependant, qu'il ne se trouve encore dans les quarante-cinq jours de sa propre vente. Mais si cette inscription est nécessaire pour conserver son droit de suite, il est inutile pour conserver son droit de préférence, et tant que l'immeuble est entre les mains de l'acquéreur, le privilége du vendeur subsiste indépendamment de toute transcription et inscription. C'est alors au Crédit foncier à s'assurer par la représentation de quittances que le prix est payé et par suite le privilége éteint. Nous aurions les mêmes observations à faire relativement au privilége du subrogé au vendeur. 2° Privilége du cohéritier et copartageant. Le droit de préférence, comme le droit de suite, est ici soumis à l'inscription. Aux termes de l'article 2109, il doit faire inscrire son privilége pour le conserver dans le délai de soixante jours à dater de l'acte de partage ou de l'adjudication par licitation. Pendant ce temps, aucune hypothèque ne peut être inscrite à son préjudice sur les biens grevés. Après ce délai, sa créance, sans cesser d'être hypothécaire, ne date à l'égard des tiers que de l'époque de l'inscription qui en a été faite. Mais, si même dans l'intervalle des soixante jours l'immeuble est aliéné, le privilége pour la conservation du droit de suite est soumis aux mêmes règles et conditions que celui du vendeur. L'inscription doit être prise avant la transcription de l'aliénation, à moins qu'on ne soit dans les quarante-cinq jours de partage ou de licitation. Si maintenant nous supposons que la transcription de l'acte d'aliénation ayant été faite, les quarante-cinq jours soient écoulés, c'est une question controversée de savoir si le cohéritier ou copartageant conserve encore jusqu'à l'expiration de soixante jours son droit de préférence sur le prix de l'immeuble en inscrivant son privilége. Le Crédit foncier admet l'affirmative et même, dans ce cas, s'abstient de prêter avant que les soixante jours soient écoulés. 3° Privilége de la séparation de patrimoines. Ce privilége se conserve sur les immeubles par une inscription prise dans le délai de six mois à dater de l'ouverture de la succession. L'inscription prise dans ce délai produit effet rétroactif au jour de l'ouverture de la succession, ce n'est qu'après ce délai que le Crédit foncier peut avec toute sécurité accepter des héritiers l'hypothèque sur les immeubles laissés par le défunt. 4° Privilége des architectes, entrepreneurs et ouvriers. L'article 2103 qui confère ce privilége donne lieu, on le sait, à de nombreuses controverses, aussi le Crédit foncier, pour éviter toute difficulté, dans le contrat de prêt, interdit à l'emprunteur de constituer aucun privilége de constructeur, sous peine de résolution du contrat et d'exigibilité immédiate de la créance. 5° La Société doit encore tenir compte, s'il y a lieu, lors de l'examen des demandes d'emprunt, des priviléges pour travaux de drainage ou dessèchements établis conformément aux lois du 1er juin 1854 et 16 septembre 1807. 6° « Privilége du Trésor sur les biens du comptable. » En ce qui concerne les biens possédés par le comptable lors de sa nomination, ou qui lui sont provenus depuis par succession, donation ou legs, le privilége du Trésor public n'a d'effet qu'à partir du jour de son inscription. En ce qui concerne les biens acquis à titre onéreux, soit par le comptable depuis sa nomination, soit par la femme même séparée de biens, le privilége existe du jour même de cette acquisition, si le Trésor a pris inscription dans les deux mois de l'enregistrement de l'acte qui le constate. Pendant ce délai, aucune hypothèque ne peut être inscrite au préjudice du Trésor (loi du 5 septembre 1807). Le comptable de deniers publics ou sa femme qui voudrait emprunter au Crédit foncier sur des biens par eux acquis, ne pourront donc voir accueillir leur demande avant l'expiration du délai de deux mois, à partir de l'enregistrement de leur acte d'acquisition. 7° « Privilége pour les frais de justice criminelle, correctionnelle et de police. » Ce privilége, établi par les articles 2101 et 2102 C. c. sur les biens du condamné, a un effet rétroactif au jour du mandat d'arrêt s'il est inscrit dans les deux mois à partir du jugement de condamnation (loi du 5 septembre 1807). Si donc la demande d'emprunt était formée par une personne qui se trouve sous le coup de poursuites de ce genre, elle devrait être accueillie avec réserve par la Société.

84. — Par l'étude rapide que nous venons de faire, nous pouvons reconnaître qu'aujourd'hui la Société de Crédit foncier trouve, d'une part, dans le privilége de la purge; de l'autre, dans l'état actuel de notre législation, des sûretés suffisantes pour qu'après un examen attentif de la demande elle puisse assurer à ses prêts une garantie solide et presque parfaite. (1).

CHAPITRE II

DROITS ET MOYENS D'EXÉCUTION DE LA SOCIÉTÉ DE CRÉDIT FONCIER CONTRE LES EMPRUNTEURS.

85. — Nous avons parlé dans le chapitre précédent des priviléges accordés à la Société pour la sûreté de ses prêts Des priviléges en garantissent le recouvrement. Nous les allons successivement étudier dans l'ordre suivi par le décret. Nous join-

(1) Dans les pays étrangers dotés d'institutions de crédit foncier, et où la législation n'exige pas la publicité de tous les droits qui pourraient primer l'hypothèque conférée à la Société, des priviléges analogues à notre purge et institués dans le même but ont été conférés à ces établissements. Ainsi, entre autres, la Banque du Hanovre, avant de faire ses prêts, procède par voie de *publication légale*, afin d'établir s'il existe, soit un douaire, une dot ou une créance quelconque, dont l'hypothèque générale ou spéciale, selon qu'elle résulte de la loi ou de l'inscription, pourrait primer celle de la Banque. Une fois le rang de la Banque fixé, après cette publication, par une formalité, les hypothèques légales elles-mêmes tardivement prises passent après celle de la Banque.

drons à notre matière, comme s'y rapportant naturellement, la disposition de l'article 47 du décret, à savoir : la dispense pour la Société de renouvellement décennal des inscriptions prises à son profit.

SECTION I

Suppression du délai de grâce. Défense de mettre opposition sur les annuités, intérêts moratoires courant de plein droit.

86. — La Société de Crédit foncier ne peut servir les intérêts avec exactitude aux porteurs de ses obligations qu'à la condition que, de son côté, elle reçoive exactement ses annuités. Il importe donc que leur payement régulier ne soit pas entravé par un créancier malveillant. En conséquence, aux termes de l'article 26, 27, 28 du décret du 28 février 1852 : « Les juges ne peuvent accorder aucun délai pour les annuités, le payement ne peut être arrêté par une opposition. Les annuités non payées à l'échéance produisent intérêt de plein droit. » (1). Il semble que par le mot *annuité* on doive entendre la redevance due pour une année entière. La Société lui donne cependant une interprétation plus large, et les statuts stipulent dans leur article 61 que : tout semestre non payé à l'échéance porte

(1) Nous trouvons également à l'étranger des moyens analogues pour forcer l'emprunteur à verser régulièrement ses annuités Notamment dans la Banque de Hanovre, sept jours après le terme fixé pour le payement de l'annuité, il est passible d'exécution s'il ne paye de suite les frais de recouvrement, les intérêts de l'arriéré et une amende d'un gros (15 cent.) par thaler.

intérêt de plein droit et sans mise en demeure au profit de la Société sur le pied de 5 p. 100.

87. — Des priviléges accordés ici à la Société de Crédit foncier, il n'en est pas encore qui leur donne le moyen de forcer l'emprunteur à payer sa dette. Ces moyens, ils sont fournis : d'une part, par le droit commun, qui permet de poursuivre le débiteur directement, par action personnelle, sur tous ses biens, ou indirectement par voie de saisie-arrêt formée entre les mains de ses débiteurs ; la Société les trouve, d'autre part, dans la faculté qui lui est accordée, si le débiteur n'exécute pas ses engagements de mettre le séquestre sur les immeubles hypothéqués ou de les faire vendre par expropriation. Ce sont ces priviléges que nous allons maintenant examiner,

SECTION II

Du sequestre et du privilége sur le revenu (1).

88. — Aux termes de l'article 29 du décret : « En cas de retard du débiteur, la Société peut, en vertu d'une ordonnance rendue sur requête par le président du tribunal de première instance, et quinze jours après une mise en demeure, se mettre en possession des immeubles hypothéqués aux frais et risques du débiteur en retard. » Il est dans l'habitude de la Société de se faire donner l'ordon-

(1) C'est encore un emprunt fait à l'Allemagne. Nous rencontrons ce privilége dans toutes les institutions de crédit foncier de ce pays. Il y a les mêmes caractères qu'en France.

nance du séquestre et par le président du domicile du débiteur et par le président du tribunal de la situation des biens ; car, en cas de saisie de ces immeubles à la requête d'un autre créancier, un séquestre pourrait être nommé par le président de ce tribunal, seul compétent à cet effet, ayant seul qualité pour connaître des difficultés que ferait naître la nomination de deux séquestres différents. La Société fait également transcrire l'ordonnance, et si l'immeuble est loué ou affermé, elle fait connaître la prise de possession au fermier ou locataire par un acte extrajudiciaire.

Le séquestre établi par le décret du 28 février ressemble à celui existant dans notre Code civil, en ce que, comme lui, c'est bien une sorte de dépôt à charge de conserver et de rendre ; mais il en diffère en ce qu'il ne s'applique ni à un objet mobilier, ni à une chose contentieuse ; en ce qu'il a le caractère du nantissement, et par cela même se rapproche de l'antichrèse. « La Société, en effet, pendant la durée du séquestre, perçoit, nonobstant toute opposition ou saisie, le montant des revenus ou récoltes, et l'applique par privilége à l'acquittement des termes échus d'annuités et des frais. Ce privilége prend rang immédiatement après ceux qui sont attachés aux frais faits pour la conservation de la chose aux frais de labour et de semences, et aux droits de trésor pour le recouvrement de l'impôt. » Des termes de cet article, il résulte que les poursuites, quelles qu'elles soient, d'un créancier du débiteur dont l'immeuble est mis en séquestre entre les mains de la Société, ne peuvent, en aucune façon, nuire à l'exercice de ce droit. La Société reconnaît que si, au jour du séquestre, il est des loyers ou fermages courus, mais non payés, le montant en appartient aux autres créanciers, revendiquant en revanche pour elle tous les fermages courus depuis le séquestre, quand bien même ils auraient été transportés de bonne foi, même pour moins de trois années, ou touchés d'avance, à moins cependant que la cession, la quittance ne soit antérieure à l'acte de prêt, auquel cas la Société ne saurait y prétendre.

89. — Ce privilége donné à la Société de Crédit foncier la mettant, en ce qui regarde l'immeuble, aux lieu et place du débiteur, elle doit administrer cet immeuble en bon père de famille, faire pour sa gestion et sa conservation tout ce qu'un propriétaire diligent ferait lui-même ; payer les contributions et charges annuelles, tous ces frais d'administration, du reste, lui étant garantis par son privilége. C'est un article de dépense qui figurera au compte du séquestre.

90. — Le séquestre ainsi établi peut prendre fin de plusieurs manières différentes. Il finira : **1°** par l'acquittement de la dette, c'est-à-dire des annuités dues et des frais; 2° par la volonté de la Société qui, si elle trouve l'administration gênante ou onéreuse, a toujours le droit de se dessaisir de l'immeuble, et de contraindre l'emprunteur à reprendre sa chose; 3° par la mainlevée qui pourrait en être judiciairement donnée; si, en effet, l'ordonnance du président, qui autorise le séquestre, n'est que l'exécution d'une disposition impérative de la loi, le débiteur, qui se croit en droit d'obtenir mainlevée du séquestre, peut citer la Société par action principale devant le tribunal civil; 4° il n'est pas douteux que, conformément au droit commun, l'abus de jouissance, de la part de la Société, serait une cause de cessation de séquestre.

91. — Lorsque le séquestre a cessé, la Société est dans l'obligation de rendre compte au débiteur : « En cas de contestation sur le séquestre (art. 31 du décret), il est statué par le tribunal comme en matière sommaire. » Le jugement rendu sur le compte du séquestre est, du reste, susceptible d'appel, conformément aux règles du droit commun.

SECTION III

De l'expropriation et de la vente.

92. — Si la Société de Crédit foncier ne trouve pas, dans l'action personnelle ou le séquestre, les moyens suffisants de s'indemniser, il lui reste alors, pour rentrer dans ses avances, une dernière ressource : réaliser le gage immobilier qui lui a été consenti. Mais si ce moyen est nécessaire à la Société en certains cas, on comprend qu'entraînant la vente des immeubles de l'emprunteur, il marche contre le but de la Société, qui est d'empêcher l'expropriation même du débiteur par ses créanciers. Il est dès lors important que la Société l'emploie le plus rarement possible. C'est donc aussi dans ce but que le législateur a cru devoir simplifier les formalités de l'expropriation. Par cela même que le Crédit foncier aura un moyen rapide, infaillible, de rentrer dans ses avances, il y devra plus rarement recourir. Dans l'intérêt même de son crédit, il ne devra l'employer que dans les cas extrêmes, et d'autant plus se prémunir contre tout entraînement à cet égard, que la faculté laissée par la loi est plus large, sa liberté d'action plus grande. Aux termes, en effet, de l'article 32 du décret, la vente de l'immeuble peut être poursuivie, « dans le même cas de non-payement d'une annuité, et toutes les fois que, par suite de la détérioration de l'immeuble ou pour toute autre cause indiquée dans les statuts, le capital intégral est devenu exigible. » Nous avons précédemment étudié les cas d'exigibilité. Remarquons seulement que, d'après l'article 32, la détérioration de l'immeuble, alors même qu'elle ne proviendrait pas du fait du débiteur, suffit à elle seule pour rendre la dette exigible. Si, du reste, il y avait contestation entre la Société et l'emprunteur, sur les faits susceptibles de motiver l'exigibilité de la dette : « il est statué par le tribunal de la situation des biens comme en matière sommaire. » Le décret n'indique pas jusqu'à quelle époque la contestation pourra se produire; mais de l'article 36 il résulte, d'une façon évidente, qu'elle devra être produite au moins huit jours avant l'adjudication. Pour que la Société ne puisse pas être retardée par le mauvais vouloir du débiteur, l'article 32 ajoute que : « le jugement n'est pas susceptible d'appel. »

93. — Nous venons d'étudier incidemment les cas dans lesquels l'expropriation peut avoir lieu. Nous allons maintenant examiner les formalités de cette expropriation, et en rechercher les effets et les suites.

I. — FORMALITÉS DE L'EXPROPRIATION.

94. — Aux termes de projets de lois sur la Société de Crédit foncier, soumis à l'assemblée en 1850 et en 1851, il était permis aux sociétés de crédit foncier d'insérer dans leur contrat de prêt la clause de *voie parée*, qui leur permettait de stipuler le mode d'expropriation à suivre contre leurs débiteurs. Cette clause alors était interdite : la loi du 2 juin 1841 en avait formellement prononcé la nullité. Le gouvernement, en 1852, n'a pas cru devoir faire une exception en faveur du Crédit foncier ; et il a préféré ne point abandonner la détermination des formes de la vente, même sous son propre contrôle, à la discrétion des parties. En conséquence, il s'est borné à modifier les formalités de l'expropriation en les simplifiant (1).

(1) Les sociétés de crédit foncier étrangères peuvent également recourir à l'expropriation, expropriation qui est alors plus expéditive et plus simple que l'expropriation ordinaire.

Ces formalités nous sont énumérées dans les articles 33 à 36 de notre décret, elles consistent dans : 1° un commandement; 2° la transcription du commandement; 3° le dépôt du cahier des charges; 4° la fixation du jour de l'adjudication; 5° les insertions; 6° une première apposition d'affiches; 7° la dénonciation de cette apposition au débiteur et aux créanciers inscrits avec sommation de prendre communication du cahier des charges; 8° la seconde apposition d'affiches; 9° les dires et contestations; 10° l'adjudication. Passons rapidement en revue ces différents actes de la procédure :

1° *Le commandement.* — Le premier acte d'une procédure d'expropriation doit toujours être un commandement, aussi l'article 33 porte que « pour parvenir à la vente de l'immeuble hypothéqué, la Société du Crédit foncier fait signifier au débiteur un commandement dans la forme prévue par l'article 673 (C. pr. c.). » Par suite, le commandemen- contiendra copie entière de l'acte de prêt, élection de domicile dans le lieu où siége le tribunal qui doit connaître de la saisie; il énoncera que, faute de payement, il sera procédé à la saisie des immeubles du débiteur; l'huissier ne se fera pas assister de témoins, il fera dans le jour viser l'original par le maire du lieu où le commandement sera signifié. Dans la procédure d'expropriation ordinaire, le commandement est suivi d'un procè-verbal de saisie; le décret du 28 févrior le supprime ici, la copie du contrat de prêt contenant la description détaillée des biens ; — mais il est admis que, dans son commandement le Crédit foncier doit insérer les mentions qui, prescrites par l'article 675 de procédure comme indispensables, ne seraient pas contenues dans le contrat de prêt entre autres constitutions d'un avoué. On a également décidé que, conformément aux articles 556, 674 de procédure, le Crédit foncier doit donner à l'huissier un pouvoir spécial pour pratiquer la saisie immobilière, et si la Société laisse écouler plus de quatre-vingt-dix jours entre ce commandement et la saisie, elle sera tenue de le réitérer dans les formes ci-dessus prescrites.

Nous ne devons pas oublier, en effet, que nous sommes dans une matière spéciale, mais qu'il y a néanmoins lieu d'appliquer le droit commun toutes les fois que le législateur n'a pas manifestement entendu y déroger.

2° *Transcription du commandement.* — « Le commandement est transcrit au bureau des hypothèques de la situation des biens (art. 33). Le délai dans lequel transcription doit être faite n'étant pas indiqué, il a été soutenu que cette transcription ne pouvait être opérée qu'après l'expiration du délai de quinze jours accordé au débiteur pour effectuer le payement. Si nous lisons l'article 33 avec attention, nous devrons repousser cette opinion et décider que la transcription peut être faite immédiatement après le commandement. De l'esprit et des termes mêmes de l'article 33, il résulte en effet que le commandement n'est pas seulement une mise en demeure, il est fait pour *parvenir à la vente,* il doit être transcrit, nous dit le décret. Le commandement remplace dans notre matière le procès-verbal dans la procédure ordinaire d'expropriation ; la transcription équivaut ici à la transcription de la saisie et de l'exploit de dénonciation exigé par l'article 678, C. de procédure. « A compter du jour de transcription du commandement, le débiteur ne peut aliéner au préjudice de la Société les immeubles hypothéqués ni les grever d'aucun droit. »

Nous n'hésitons pas cependant à appliquer l'article 687 du Code de procédure, et à décider que l'aliénation ou les droits réels consentis par l'acquéreur seront valables si l'acquéreur et l'ayant droit désintéressaient, non-seulement la Société, mais encore les créanciers inscrits, qui, du moment que la Société a commencé la poursuite d'expropriation, ne peuvent la poursuivre de leur côté (art. 680, Code pr. c.). Le droit commun nous donne ici une solution trop juste pour que le législateur ait pu penser y déroger. Par la même raison, mais ici dans l'intérêt même de la Société, nous appliquerons les articles 681 et 685 du Code de procédure, qui contiennent d'importants effets de la transcription en faveur des créanciers saisissants, notamment l'immobilisation des fruits des immeubles saisis.

3° *Dépôt du cahier d'enchères.* — Ce document renferme la désignation de l'immeuble et les conditions de la vente ; il doit être déposé au greffe du tribunal devant lequel se poursuit l'expropriation. Quant au délai dans lequel le dépôt doit être fait, l'article 690 du Code de procédure assigne un délai de vingt jours après transcription; bien que le décret ne s'explique pas sur ce point, il semble résulter du cinquième paragraphe de l'article 33, que ce dépôt doit être fait aussitôt après la première apposition d'affiches. Dans le système de procédure ordinaire, trente jours au plus tôt, quarante jours au plus tard, après le dépôt du cahier des charges, avait lieu, à l'audience, devant le débiteur et les créanciers inscrits, à cet effet appelés, la publication de l'enchère. Cette formalité, qui n'avait pour résultat que d'allonger la procédure, a été supprimée dans la poursuite exceptionnelle qui nous occupe.

4° *Fixation du jour de l'adjudication.* — C'est au tribunal à fixer le jour de l'adjudication (art. 695, C. pr.). Il semble résulter de l'avant-dernier paragraphe de l'article 33, que cette fixation peut se faire valablement hors de la présence du débiteur et des créanciers inscrits. Cependant la Société, agissant avec plus de prudence, appelle le débiteur et les créanciers inscrits à assister à la fixation du jour d'adjudication, fixation d'autant plus importante pour ces derniers, qu'ils ne pourront, si elle est une fois prononcée, la faire reculer pour aucun motif. L'article 36 porte, en effet, « qu'il est statué par le tribunal sur les dires et observations en dernier ressort et sans qu'il puisse en résulter un retard pour l'adjudication. »

5° *Insertion dans les journaux.* — Dans la procédure d'expropriation ordinaire, une simple insertion est nécessaire (art. 696). Aux termes de l'article 33 de notre décret : « A défaut de payement dans la quinzaine du commandement, il est fait, dans les semaines qui suivent, la transcription dudit commandement, six insertions dans l'un des journaux indiqués par l'article 42 du Code de commerce. » La loi du 10 juin 1853 est venue restreindre à trois le nombre de ces insertions. L'intervalle de temps entre chaque insertion doit être au moins de dix jours. Il est même admis dans la pratique que, si la première de ces insertions doit contenir toutes les énonciations indiquées par l'article 696 du Code de procédure, les deux dernières en sont dispensées. Elles contiendront seulement les énonciations substantielles. Les frais seront diminués, et la publication sera d'ailleurs suffisante. Nous appliquerons également l'article 697 relatif aux insertions supplémentaires, s'il y a lieu, et l'article 698 concernant le mode de justification de ces insertions.

6° *Première apposition d'affiches.* — Dans le même délai qui est exigé pour les insertions, aux termes de l'article 33, il doit être fait une apposition d'affiches. Le décret exige que ces affiches soient placées : « dans l'auditoire du tribunal du lieu où la vente doit être effectuée, à la porte de la mairie du lieu où les biens sont situés, et sur la propriété lorsqu'il s'agit d'un immeuble bâti. » Quant à la forme de l'affiche, bien qu'elle n'ait point été indiquée par le décret, il convient de la rédiger semblable à la première insertion. Ces affiches sont ordinairement, en effet, le mode de publicité le plus efficace. Il est, par suite, essentiel que leurs indications soient suffisantes pour faire connaître l'immeuble à vendre, le jour, l'heure et le lieu de l'adjudication.

7° *Dénonciation de cette première apposition d'affiches.* — « Cette première apposition est dénoncée dans la huitaine au débiteur et aux créanciers inscrits, au domicile par eux élu dans l'inscription, avec sommation de prendre connaissance du cahier des charges. » Cette sommation doit-elle, conformément à l'article 693 du C. de procédure, être mentionnée en marge de la transcription du commandement? Partant du principe que nous avons posé, à savoir que le droit commun est applicable toutes les fois que le législateur n'y a pas manifestement dérogé, nous déciderons que cette mention doit être faite. A partir de ce moment, la Société ne pourra rayer la saisie sans le consentement des créanciers qui pourront alors, si la Société se désiste, se faire subroger dans la saisie conformément à l'article 721 du C. de procédure. Seulement la procédure continuée à leur requête sera la procédure ordinaire. Les privilèges de la Société de Crédit foncier sont assez grands, il me semble, pour que, dans l'absence des lois spéciales, il n'y ait pas lieu de les étendre.

8° *Seconde apposition d'affiches.* — Cette apposition doit avoir lieu quinze jours après la première, elle est faite dans les mêmes formes et aux mêmes lieux que celle-ci.

9° *Dires et contestations.* — Le débiteur ou les créanciers inscrits, appelés à intervenir dans la poursuite, peuvent avoir des observations à faire sur la procédure, des moyens de nullité à proposer. Dans la procédure ordinaire, les moyens de nullité élevés contre les actes antérieurs à la publication doivent être présentés trois jours avant cette publication; pour la nullité des actes postérieurs, elle doit être demandée trois jours avant l'adjudication. Ici, la publication est supprimée, nous l'avons vu; par suite, aux termes de l'article 36 de notre décret, « les dires et observations doivent être consignés sur le cahier des charges huit jours au moins avant celui de la vente; ils contiennent constitution d'un avoué, chez lequel domicile est élu de droit; le tout à peine de nullité. Le tribunal est saisi de la contestation par acte d'avoué à avoué, il statue sommairement et en dernier ressort sans qu'il puisse en résulter aucun retard de l'adjudication. » Il a été jugé, cependant, que l'article 36 ne s'appliquait pas au cas où il s'agirait, non pas d'une demande en nullité d'un acte de procédure, mais d'une demande en distraction de tout ou de partie de l'immeuble exproprié. On applique alors les articles 725, 726, 727 Code de procédure.

10° *Adjudication.* — Quinze jours après la seconde apposition d'affiches, il est procédé à la vente aux enchères, en présence du débiteur et des créanciers inscrits. Quant aux formalités à suivre à cet effet, le décret n'en parlant pas, il y aura lieu d'appliquer les articles 701 et suivants de procédure civile : « Le commandement, les exemplaires du journal contenant les insertions, les procès-verbaux d'apposition d'affiches, la sommation de prendre communication du cahier des charges et d'assister à la vente sont annexés au procès-verbal d'adjudication. » (Art. 35.) L'adjudication se fait devant le tribunal de la situation des biens ou de la plus grande partie des biens. Cependant le décret permet, lorsque l'intérêt de la vente l'exige, de déroger à ce principe, car (art. 33) « le tribunal sur requête présentée par la Société avant la première insertion, peut ordonner que la vente aura lieu, soit devant un autre tribunal, soit à l'étude d'un notaire du canton ou de l'arrondissement dans lequel les biens sont situés. Le jugement n'est pas susceptible d'appel. Il ne peut y être formé opposition que dans les trois jours de la signification qui doit en être faite au débiteur, en y ajoutant les délais de distance. » Quand il y a ainsi renvoi de la vente devant un notaire, le tribunal n'est pas dessaisi de la poursuite : c'est à son greffe qu'est déposé le cahier des charges, que les dires sont consignés, qu'est portée la surenchère. Le notaire est seulement chargé de procéder aux formalités de la vente. Mais s'il y avait renvoi devant un autre tribunal, il en est autrement, c'est ce dernier tribunal qui se trouve alors saisi de la poursuite; la délégation est ici entière.

94. — Nous venons d'examiner les formalités qui doivent précéder ou accompagner l'adjudication. Nous devons maintenant nous demander si ces formalités sont prescrites à peine de nullité? La négative semble résulter du silence même du décret. Les nullités, en effet, ne peuvent se suppléer. Mais admettre une semblable solution, ce serait permettre au poursuivant de supprimer ou de tronquer à son gré tous les actes de la procédure. Un semblable résultat est impossible. Or, l'article 715 de procédure civile déclare que les formalités et délais prescrits par les divers articles qu'il énumère seront observés à peine de nullité; à ces formalités qui ont été conservées par le décret et n'ont pas été abrogées par lui, nous appliquerons l'article 715, conséquence du principe que nous avons posé en commençant, à savoir que : le droit commun doit être appliqué dans notre matière toutes les fois qu'il n'y aura pas été expressément ou implicitement dérogé par la loi spéciale.

II. — DES EFFETS ET DES SUITES DE L'ADJUDICATION.

95. — Les effets du jugement d'adjudication nous sont énumérés dans l'article 717 C. pro. c.;

ce sont là des effets ordinaires de tout jugement d'adjudication, mais il en est d'autres spéciaux à notre matière qui, par suite, doivent plus particulièrement nous occuper.

L'article 38 du décret confère, en effet, à la Société, un important privilége. Elle n'est point obligée d'attendre, pour être payée, la clôture ni même l'ouverture de l'ordre. « Dans la huitaine de la vente, l'acquéreur est tenu d'acquitter, à titre de provision, dans la caisse de la Société, les annuités dues. Après les délais de surenchères, le surplus du prix doit être versé à ladite caisse, jusqu'à concurrence de ce qui lui est dû, nonobstant toutes oppositions, contestations ou inscriptions des créanciers de l'emprunteur, sauf néanmoins leur action ou répétition, si la Société avait été indûment payée à leur préjudice. » Remarquons en outre qu'aux termes de l'article 7 de la loi du 10 juin 1853, ces dispositions « sont applicables à tout acquéreur, soit sur aliénation volontaire, soit sur saisie immobilière. » Dans le cas où il y aurait lieu, de la part des parties intéressées, à exercer l'action en répétition, le décret ne disant rien à cet égard, il y aura lieu d'appliquer le droit commun. Dans la pratique, cependant, quand l'ordre n'est pas encore clos, l'action est portée au tribunal, devant lequel cet ordre est poursuivi. C'est, en effet, pendant son cours, que vont être discutées les questions relatives à la validité de la créance, à son chiffre, à la régularité des inscriptions.

« Si la vente s'opère par lots, nous dit l'article 39, ou qu'il y ait plusieurs acquéreurs non cointéressés, chacun d'eux n'est tenu, même hypothécairement, vis-à-vis de la Société, que jusqu'à concurrence de son prix. » Pour faciliter la vente, le législateur a cru devoir ainsi limiter les charges de l'adjudicataire.

Du reste, comme dans toute autre adjudication, il pourra y avoir ici surenchère, conformément aux articles 708 et suivants (C. pr.). Cette surenchère sera du 1/6e du prix principal ; elle sera faite au greffe du tribunal, dans la huitaine de l'adjudication, dénoncée dans les trois jours, dans le cas de vente devant notaire ; elle doit être faite au greffe du tribunal dans l'arrondissement duquel l'adjudication a été prononcée (art. 40).

Enfin, si l'adjudicataire n'exécute pas les conditions qui lui sont imposées par la loi ou par le cahier des charges, l'immeuble est vendu à folle enchère. Or, l'article 41 nous dit que « lorsqu'il y a lieu à folle enchère, il y est procédé suivant le mode indiqué par les articles 33, 34, 35, 36 et 37 du présent décret. » Le législateur, en nous renvoyant à ces articles pour la procédure à suivre dans la folle enchère, nous conduit à des résultats inexplicables. Dans notre matière, en effet, le décret du 28 février a pour but d'apporter des simplifications. Or, ici, il complique les formalités du droit commun. Renvoyant aux articles 33, 34, il exige, en tous les cas, commandement et transcription de ce commandement, triple insertion, double apposition d'affiches. Or, dans le droit commun, le commandement n'est exigé que si la folle enchère est poursuivie après la délivrance du jugement d'adjudication. Dans tous les cas, il n'y a lieu qu'à une insertion, qu'à une apposition d'affiches. Si, du reste, en présence des termes formels de l'article 41, nous devons appliquer ici les articles qu'il énonce, nous n'en sommes pas moins dans la nécessité de les compléter par ceux du Code de procédure auxquels il n'est pas dérogé, et qui contiennent des dispositions indispensables. Comment comprendre, en effet, que la folle enchère étant poursuivie avant délivrance du jugement d'adjudication, le poursuivant ne doive préalablement constater, par certificat du greffier, que l'adjudicataire n'a pas justifié de l'acquit des conditions exigibles de l'adjudication (art. 734, C. pr. c.)? De même les affiches ne devront-elles pas contenir des énonciations nouvelles, notamment le nom du fol enchérisseur, etc. (art. 835). La poursuite ne cessera-t-elle pas si le fol enchérisseur justifie de l'acquit des conditions de l'adjudication et de la consignation d'une somme réglée par le président du tribunal, pour les frais de folle enchère? De ce que nous venons de dire, il appert que les dispositions de notre décret, quoique compliquées sur ce point, sont insuffisantes, et il n'est pas douteux que, dans la pratique, il y ait lieu de les compléter par les dispositions du droit commun.

III. — Rapports qui peuvent résulter de la poursuite d'expropriation entre la Société, d'une part, les créanciers et les tiers détenteurs, de l'autre.

96 — La Société de Crédit foncier, dans sa poursuite d'expropriation, peut se trouver en présence des créanciers du débiteur, des tiers détenteurs. Ses rapports avec ces personnes sont alors réglés par les articles 37 et 42 du décret.

1° *Rapports de la Société avec les créanciers du débiteur.* — Il peut se faire qu'au moment où la Société commence ses poursuites, une précédente saisie ait été opérée à la requête des autres créanciers du débiteur. Si la saisie effectuée par ces derniers ne frappe pas les mêmes biens que ceux hypothéqués au Crédit foncier, aucune difficulté ne peut alors s'élever. Il y a deux saisies qui auront une marche simultanée, mais séparée et distincte. Mais si, au contraire, lors de la transcription du commandement de la Société, il existe une saisie antérieure pratiquée par un autre créancier, et sur les biens mêmes hypothéqués au Crédit foncier, alors, aux termes de l'article 32 : « La Société du Crédit foncier peut, jusqu'au dépôt du cahier d'enchères, et après un simple acte signifié à l'avoué poursuivant, faire procéder à la vente d'après le mode indiqué dans les articles précédents. » Mais si le cahier d'enchères est déposé lors de la transcription du commandement, le Crédit foncier « n'a plus que le droit de se faire subroger dans les poursuites du créancier saisissant, conformément à l'article 722 du Code de procédure civile. » Dans ce cas, la Société subrogée est tenue d'observer les formalités ordinaires de la saisie immobilière ; cependant, elle est encore investie d'un privilége spécial ; car, aux termes du même article 37, « il n'est accordé, si la Société s'y oppose, aucune remise d'adjudication. » Le décret ne pose point de règle pour le cas où la Société ne s'y opposant pas, la remise aurait été régulièrement prononcée. On devra alors, dans ce cas, appliquer les articles 703 et 704 C. de procédure civile.

2° *Rapports de la Société avec les tiers détenteurs.* — Lorsqu'un débiteur vient à aliéner l'immeuble hypothéqué, les créanciers inscrits, aux termes des articles 2166 et suiv., C. c., suivent alors l'immeuble, en quelques mains qu'il passe. Mais ici, deux hypothèses sont possibles : ou l'acquéreur n'a pas rempli les formalités de la purge, et alors il est dans l'alternative, ou de payer le montant total des dettes exigibles, ou de délaisser l'immeuble; faute par lui de satisfaire à l'une de ces obligations dans les trente jours de la sommation à lui faite par les créanciers, ces derniers ont le droit de faire revendre sur lui l'immeuble hypothéqué, ou bien l'acquéreur a rempli les formalités de la purge, et dans ce cas, toutes les dettes deviennent exigibles; mais il n'est tenu de les acquitter que jusqu'à concurrence de son prix. Les créanciers ne peuvent plus l'exproprier; ils ont seulement le droit de surenchérir (art. 2181 et 2187, C. c.).

A ces principes du droit civil, l'article 42 du décret du 28 février 1852 contient de notables dérogations. Aux termes de cet article: « Tous le droits énumérés dans le présent chapitre peuvent être exercés contre les tiers détenteurs après dénonciation du commandement fait au débiteur. Les poursuites commencées contre le débiteur sont vablement continuées contre lui jusqu'à ce que les tiers auxquels il aurait aliéné les immeubles se soient fait connaître à la Société. Dans ce cas les poursuites sont continuées contre les tiers détenteurs sur les derniers errements quinze jours après la mise en demeure. » D'après cet article, la position de la Société reste absolument la même tant que l'acquéreur ne lui a pas fait connaître ses droits. Mai si ce tiers détenteur s'est fait connaître, alors de deux choses l'une: ou l remplit les formalités de la purge, ou il s'en abstient. S'il s'en abstient il est dans l'obligation ou de laisser l'immeuble ou d'exécuter le contrat d'annuités comme l'emprunteur lui-même. Pour l'y contraindre, la Société, à la différence d'un créancier ordinaire, peut user de toutes les voies d'exécution qu'elle possède contre l'emprunteur. Elle a contre lui les priviléges spéciaux conférés par le présent chapitre. Immédiatement après dénonciation à l'acquéreur du commandement fait à l'emprunteur, la Société peut poursuivre l'expropriation. Si la Société a commencé à poursuivre avant de connaître l'aliénation, il lui suffit de signifier une mise en demeure au tiers détenteur pour pouvoir, après quinze jours écoulés sans payement, continuer de poursuivre sur les derniers errements.

Mais si l'acquéreur a rempli les formalités de la purge, la dette entière devient alors exigible et la Société n'a plus que le droit de surenchérir (pourvu que le montant de l'adjudication n'excède pas plus d'un quart de la créance en principal, intérêt et accessoires, article 34 des statuts), ou de toucher immédiatement le montant de ce qui lui reste dû, conformément à l'article 38. Ce n'est qu'au cas où l'acquéreur ne voudrait pas se conformer aux exigences de cet article que le Crédit foncier pourrait recourir aux moyens d'exécution ci-dessus exposés. La purge, de la part de l'acquéreur, a donc pour effet ici de forcer la Société à recevoir le remboursement par anticipation ; or, remarquons que dans ce cas, le Crédit foncier perd pour le temps qui reste à courir la somme annuellement affectée aux frais d'administration. Aussi les statuts de la société l'autorisent-ils à stipuler dans le contrat de prêt qui : « En cas d'aliénation de l'immeuble hypothéqué à la compagnie, le débiteur doit substituer le nouveau propriétaire dans ses obligations vis-à-vis la Société. » L'article 42, remarquons-le, ne s'applique qu'aux aliénations volontaires, on ne peut l'invoquer si l'immeuble a été transmis par succession. Dans ce cas, si les héritiers se sont révélés à la Société avant que la procédure soit en état et avant l'expiration des délais qui leur sont accordés pour faire l'inventaire et délibérer, la Société ne pourra les forcer avant à prendre qualité, ni obtenir contre eux aucune condamnation. De même, si pendant les poursuites le débiteur tombe en faillite, s'il s'opère en lui un changement de qualité, et si au moment de notification de ce changement qui est faite à la Société la cause n'est pas en état, le Crédit foncier doit alors se conformer aux articles 344 et suivants de procédure civile.

97. — Tels sont les moyens d'exécution spéciaux à la Société de Crédit foncier. Ces droits, ils sont personnels à la Société, elle ne peut les transmettre aux tiers qu'elle subrogerait dans sa créance. Pour terminer l'étude des priviléges accordés à la Société, nous devons, comme nous l'avons déjà annoncé, joindre à notre chapitre la disposition contenue dans l'article 47; elle va être l'objet de notre dernière section.

SECTION IV

Dispense de renouvellement décennal des inscriptions hypothécaires.

98. — Aux termes de l'article 2154 du C. c., les inscriptions hypothécaires doivent être renouvelées tous les dix ans. Cette disposition dont l'utilité est fort contestable en droit commun, n'a point été reproduite par le décret de 1852, qui dans son article 47 décide que : « Les inscriptions hypothécaires prises au profit des Sociétés de crédit foncier, sont dispensées pendant toute la durée du prêt du renouvellement décennal prescrit par l'article 2154 C. c. » Par inscription prise au profit du Crédit foncier, nous devons également entendre les inscriptions qui auraient été originairement prises au profit d'un créancier et dans les droits duquel la société aurait été subrogée, la subrogation étant mentionnée en marge de l'inscription. D'ailleurs, le Crédit foncier, pour faire disparaître toute difficulté, n'aura qu'à renouveler comme subrogé l'inscription originairement prise au profit du créancier remboursé. De même l'article qui dispense du renouvellement d'inscription la Société « pendant toute la durée du contrat » doit s'entendre en ce sens que la même inscription garantit la créance non pas seulement jusqu'à la fin du terme déterminé dans le contrat, mais jusqu'au moment où le remboursement étant totalement effectué par l'emprunteur, la dette se trouve intégralement éteinte.

99. — A l'étude des priviléges accordés au Crédit foncier, nous pouvons enfin rattacher la disposition de l'article 45 du même décret, aux termes duquel la Société est admise à déposer ses fonds libres au Trésor aux conditions déterminées par le gouvernement. Le Trésor ouvrant au Crédit foncier un compte courant lui permet ainsi de ne jamais conserver dans sa caisse des fonds improductifs et d'avoir toujours quand même des capitaux disponibles.

TITRE IV

Des Obligations émises par la Société de Crédit foncier.

100. — L'objet de la Société de Crédit foncier se ramène à deux sortes d'opérations : consentir des prêts, créer des obligations ou lettres de gage.

La Société prête, pour prêter il lui faut des capitaux, l'émission des obligations les lui fournit. Nous avons examiné les différents modes de prêts, leurs garanties, nous devons maintenant étudier les obligations, leur nature, les règles de leur émission, leurs diverses sortes, les droits de ceux qui en sont porteurs, leur extinction.

SECTION I

Nature des Obligations.

101. — L'obligation ou lettre de gage, est née en France avec le décret du 28 février 1852. Cependant elle avait déjà eu des précédents en notre pays. La loi de messidor an III (titre 2, art. 36), avait essayé d'instituer quelque chose d'analogue en France, sous le nom de *cédules hypothécaires*. Voici en quoi consistait ce système : le propriétaire désireux d'emprunter peut aller trouver le conservateur des hypothèques, et sur estimation de sa propriété acceptée sur production de titres se faire délivrer une cédule, dont le montant ne doit jamais dépasser les trois quart de la valeur de l'immeuble, y compris le montant des hypothèques déjà prises. Le propriétaire négocie lui-même la cédule, dont l'échéance maximum est de dix ans. Le tiers porteur à pour garantie : 1° une hypothèque sur la propriété de l'emprunteur ; 2° un droit général sur tous les autres biens ; 3° en cas d'insuffisance, un recours contre le conservateur des hypothèques du district et subsidiairement contre le conservateur général, qui répondent sur leurs biens et leur cautionnement.

Ce système était incomplet, l'emprunteur était toujours soumis à un remboursement en bloc, les cédules devaient toujours être à ordre et n'étaient pas susceptibles d'être divisées en petites coupures, etc. Ajoutons encore que la cédule sentait l'assignat et que cette ressemblance suffit pour la faire échouer complétement et en empêcher toute application. Arrivons au système établi par le décret du 28 février 1852. Ce décret donne le nom d'*obligations ou lettres de gage* à des titres garantis par un gage et dont la mise en circulation impose aux Sociétés l'obligation d'en servir l'intérêt et d'en rembourser le capital aux conditions déterminées par les statuts. La Société de Crédit foncier abandonnant la qualification de *lettres de gage*, les désigne sous la dénomination d'*obligations foncières* ou *communales*.

102. — Lorsque l'emprunteur a contracté vis-à-vis le Crédit foncier et souscrit un engagement aux termes et conditions que nous connaissons, en échange du contrat, le Crédit foncier est autorisé à émettre des obligations pour une valeur nominale équivalente aux prêts. La Société livre ces titres à l'emprunteur ou bien elle les négocie pour son compte et lui remet l'argent provenant de cette négociation. Mais ces lettres de gage étant mises en circulation, la Société est obligée alors d'en servir l'intérêt aux porteurs et à rembourser le capital par voie de tirage au sort dans un délai correspondant à la durée du prêt lui-même. Or l'intérêt, la Société le reçoit de l'emprunteur; le capital, elle le trouve dans la portion de l'annuité affectée à l'amortissement successif de la dette. Les obligations ont donc les mêmes garanties que le prêt, elles n'ont pas une hypothèque spéciale, il est vrai, mais elles sont garanties par la masse des biens et revenus grevés : au gage individuel est substitué le gage collectif. Ce gage elles le fractionnent en gages aussi sûrs et plus commodes, car ils sont alors transmissibles de la main à la main, ou par endossement. Les obligations souscrites par la Société sont, pour ainsi dire, le dédoublement du contrat de prêt signé par l'emprunteur. Simples promesses de payer de la part de la Société, les lettres de gage n'en sont pas moins, en définitive, garanties par les biens hypothéqués. Chacune d'elles est, pour ainsi dire, garantie par une fraction correspondante du gage qui, ainsi fractionné, est d'autant plus mobile et accessible à de plus nombreux capitalistes. Puissant instrument de mobilisation du gage foncier, l'obligation devient par là même un instrument plus puissant encore de placement et de crédit (1).

103. — Les obligations émises par la Société de Crédit foncier sont divisées en deux classes : 1° les obligations foncières proprement dites ; 2° les obligations communales. Les unes et les autres ont pour garantie le fonds social de la Société et le fonds de réserve. Les premières, représentant le montant des prêts hypothécaires faits aux particuliers, ont pour garantie les créances provenant de ces prêts ; les secondes, représentant le montant des prêts hypothécaires ou non faits aux départements, communes, associations syndicales, établissements publics, ont pour garantie les créances provenant de prêts faits à ces personnes.

Les obligations sont nominatives ou au porteur. Les obligations nominatives sont transmissibles, soit par voie d'endossement, sans autre garantie que celle qui résulte de l'article 1693 du Code civil (art. 13 du décret du 28 février 1852), soit par tout autre mode déterminé par le conseil d'administration. La Société, en aucun cas responsable de la régularité de l'endossement, est valablement libérée par le payement fait entre les mains des tiers

(1) Dans plusieurs sociétés de crédit foncier allemandes les obligations émises pour chaque emprunt sont spécialement garanties par les biens de l'emprunteur. Et ce sont ces biens, désignés du reste sur l'obligation, que le porteur de la lettre de gage a réellement pour garantie directe et immédiate.

porteurs. En supprimant toute formalité, le législateur a voulu favoriser la circulation des lettres de gage. En cas de décès d'une personne propriétaire d'obligations nominatives, il est remis à ses héritiers ou représentants de nouveaux titres, ou certificats de dépôt, en échange des anciens, sur la justification des pièces authentiques établissant les droits des nouveaux propriétaires.

Les obligations au porteur se transmettent par simple tradition; elles se passent de la main à la main, comme les billets de banque ou de l'argent. La Société de Crédit foncier donne, du reste, aux porteurs qui craignent de perdre leurs titres, la faculté de les déposer dans la caisse sociale, moyennant une indemnité qui varie de 2 à 5 centimes pour 100 fr., suivant qu'il s'agit de titres de 500 fr. ou de 100 fr. Des certificats de dépôt nominatifs sont alors donnés aux porteurs, à l'aide desquels ils peuvent percevoir des intérêts et toucher le capital en cas de remboursement (1).

104. — Les obligations portent un intérêt dont le taux varie, comme nous le verrons, de 3 à 5 p. 100, selon les diverses combinaisons adoptées

(1) Dans plusieurs pays de l'Allemagne, en Pologne, les lettres de gage sont toutes au porteur. Pour obvier au danger de perte, le porteur peut inscrire sur sa lettre de gage : « Cette lettre de gage est retirée de la circulation,» en y ajoutant son nom, son domicile et la date du retrait. L'obligation, devenant par là même nominative, ne peut plus être remise en circulation que par la décision d'un tribunal ou de la direction de la société.

pour leur remboursement (1). D'après les statuts du Crédit foncier, ces intérêts sont payables trois mois après l'exigibilité des annuités dues par les emprunteurs. Il n'y a pas d'époque fixe d'exigibilité pour le capital des obligations; elles sont appelées au remboursement par voie de tirage au sort.

Plusieurs avantages spéciaux ont été, en outre, attachés par la loi aux obligations de la Société. Elles sont insaisissables, c'est-à-dire qu'il n'est admis aucune opposition au payement du capital et des intérêts, si ce n'est en cas de perte de la lettre de gage (art. 18 du décret de 1852). Elles sont admises aux avances faites par la Banque de France (loi du 9 juin 1857). Elles peuvent, comme la rente sur l'État, servir d'emploi aux fonds des incapables et des communes, ainsi qu'aux fonds disponibles appartenant aux établissements publics ou d'utilité publique. Dans tous les cas, ces établissements sont autorisés à les convertir en rentes sur l'État (art. 46 du décret). Elles peuvent enfin, et la jurisprudence paraît constante sur ce point, servir d'emploi pour tous les capitaux qui, par suite de conventions ou de dispositions particulières,

(1) En Allemagne, pendant longtemps, l'intérêt payé aux porteurs a été de 4 p. 100. En Prusse, une mesure générale prise dans l'année 1838, l'a réduit à 3 1/2; le cours des lettres de gage n'en fut pas sensiblement diminué, et descendu un instant au-dessous du pair, il y remonta bientôt et le dépassa. Le taux de l'intérêt des lettres de gage en Allemagne est aujourd'hui de 4, 3 1/2 et 3 p. 100.

doivent être employés en placements hypothécaires (1).

105. — En réalité, nous le voyons, les obligations sont des titres hypothécaires qui ont les plus grandes analogies avec les titres hypothécaires ordinaires, mais elles diffèrent de ces titres en ce que, plus facilement transmissibles, elles ne sont pas remboursables à échéance fixe. Toujours réalisables, elles ne sont jamais remboursables, si ce n'est par voie de tirage au sort.

SECTION II

Des règles concernant l'émission des Obligations.

106. — Les articles 14 et 15 du décret du 28 février 1852 nous donnent les règles qui doivent présider à l'émission des obligations. Nous les allons rapidement énumérer :

1° « La valeur des lettres de gage ne peut dépasser le montant des prêts. » On veut parler ici, bien entendu, de la valeur nominale des obligations. Si cette disposition n'était pas appliquée en effet, il en résulterait, comme nous l'avons déjà dit, qu'un certain nombre de lettres de gage manqueraient de garantie hypothécaire, ne reposeraient plus sur le crédit réel de l'emprunteur. L'applica-

(1) Les obligations des sociétés de crédit foncier étrangères sont en général investies de bénéfices analogues; ainsi, en Danemark, en Saxe, les capitaux appartenant à des mineurs ou à des établissements publics peuvent être placés en obligations.

tion de cette règle peut soulever une difficulté lorsque, par suite de l'existence d'une créance inscrite au premier rang et non encore remboursable, la Société est obligée de retenir une valeur suffisante pour en opérer le remboursement. Dans ce cas, la Société a-t-elle le droit de mettre en circulation des obligations pour le montant de l'engagement hypothécaire de l'emprunteur, ou seulement jusqu'à concurrence de la somme effectivement versée dans ses mains, sauf à compléter l'émission après l'extinction de la créance qui la prime? Il semble résulter des termes de l'article 14 que la Société ne peut immédiatement émettre toutes les obligations. D'un autre côté, les statuts du Crédit foncier de France paraissent avoir donné une autre interprétation au décret. L'article 87 des statuts porte, en effet, que les obligations ne peuvent dépasser le montant des « engagements hypothécaires » souscrits par les propriétaires d'immeubles. Une autre raison me déterminerait, du reste, à accorder à la Société la faculté d'émettre totalité des obligations, car si cette faculté lui était enlevée, il pourrâit se faire qu'au jour du remboursement de la créance antérieure, la Société ne pût placer ses obligations au taux qui a déterminé celui du prêt. C'est au conseil à être prudent et à délibérer sur la création et l'émission des lettres de gage ; sa délibération, du reste, ne peut être exécutée que si elle est approuvée par le gouverneur, et elle est exécutée sous la surveillance des censeurs. Remarquons, du reste, que la difficulté dont nous venons de parler ne peut s'élever toutes les fois que le prêt a lieu en obligations dont la négociation est à la charge de l'emprunteur. C'est alors l'emprunteur qui est tenu de la variation du cours, si, craignant une baisse, il ordonne de négocier la partie des obligations que détient la Société pour payer la dette à son échéance; dans ce cas, le Crédit foncier conserve dans sa caisse le numéraire procuré par la négociation et ouvre un compte courant à l'emprunteur en lui tenant compte de la somme qu'il détient au taux fixé pour les avances en compte courant. Mais, comme les obligations négociées forment un intérêt plus élevé que celui dont la Société tient compte à l'emprunteur dans le compte courant, celui-ci est obligé de parfaire cet intérêt pour mettre la Société en mesure de remplir ses obligations vis-à-vis des porteurs des lettres de gage.

107. — 2° « Les lettres de gage doivent être visées. » L'article 14 du décret de 1852 portait à cet effet : « Les obligations ne sont émises qu'après avoir été visées et enregistrées. Le visa est donné gratuitement par le notaire dépositaire de la minute de l'acte de prêt. Il est fait mention sur la minute du nombre et du montant des lettres de gage visées. » Une modification a été apportée par le décret du 31 décembre 1852, dont l'article 1er porte : « Les dispositions réglementaires prescrites par les 2e, 3e, 4e et 5e paragraphes de l'article 14 du décret du 28 février 1852 sont modifiées ainsi qu'il suit :

les lettres de gage ne sont émises qu'après avoir été visées et enregistrées. Le visa est donné par le commissaire du gouvernement. » Aujourd'hui, en vertu du décret du 6 juillet 1854 et des statuts conformes à ce décret, le visa est donné par le gouverneur du Crédit foncier.

108. — 3° « Il ne peut être émis de lettre de gage inférieure à 100 fr. » Ce minimum avait été d'abord fixé à 500 fr., il a été réduit à 100 fr. Cette réduction facilitant la négociation des obligations, les rend accessibles aux petits capitalistes, en fait un moyen de placement solide des plus petites économies (1).

109. — Le législateur s'est borné à poser ces règles, il ne s'est point occupé de la forme des lettres de gage, de leur chiffre maximum, de leur division en séries, etc. Ces détails sont du domaine des statuts, dont nous avons reproduit et reproduisons dans le cours de notre étude les parties essentielles. L'article 80 notamment nous indique les formes de ces lettres : « Les obligations foncières sont représentées par des titres extraits d'un registre à souche, ces titres sont signés par un admi-

(1) En Allemagne, le minimum des coupures des lettres de gage est généralement plus bas dans les sociétés qui ont récemment révisés leurs statuts, ainsi l'Union de Crédit, en Saxe, la Société de Poméranie fixent un minimum de 25 thalers (93 fr. 75 c.). En Hanovre, le minimum est de 20 thalers (75 fr.), quand le prêt est destiné au rachat des droits féodaux. Dans les autres pays il est à peu près égal ou peu supérieur à 100 fr.

nistrateur, ils portent le titre de la Société et sont visés par le gouverneur. »

SECTION III

Des diverses sortes d'obligations de la Société de Crédit foncier.

110. — Les obligations actuellement émises par la Société sont, avons nous-dit, de deux sortes : foncières ou communales. Quant aux obligations de drainage, nous renvoyons au texte de la loi du 28 mai 1858 qui les autorise, sans plus nous en occuper ; car la Société, vu le peu d'importance des prêts pour travaux de drainage, n'a pas encore émis d'obligations de cette nature.

1. — OBLIGATIONS FONCIÈRES OU LETTRES DE GAGE.

111. — Elles sont de trois sortes : 1° obligations avec lots et primes; 2° obligations avec lots sans primes ; 3° obligations sans lots ni primes.

1° *Obligations avec lots et primes.* — Ces obligations proviennent d'un emprunt de 200 millions ouvert en 1853. Elles sont de 1000, 500, 100 fr., donnant un intérêt de 3 p. 100 payable les 1er mai et 1er novembre, au siége de la Société et dans les Recettes générales et particulières. Ces obligations sont négociables à la Bourse, au comptant et à terme. Elles sont au porteur, sont remboursables par voie de tirage au sort, dans le délai de cinquante ans, à partir du 1er mai 1854, avec une prime de 20 p. 100. En outre, elles participent à des tirages trimestriels dont nous parlerons. Mais en cas de sortie du numéro qui leur est attribué, les obligations de 1,000 fr. ont seules droit à la totalité du lot et celles de 500 ou de 100 fr. ont droit seulement à la 1[2 ou au 1[10.

2° *Obligations avec lots sans primes.* — Elles produisent intérêt à 4 p. 100, payable comme précédemment. Il en est, du reste, deux catégories. La première provient, comme les obligations 3 p. 100 de l'emprunt de 200 millions, ouvert en 1853; elles sont au porteur, au capital de 500 ou 100 fr., négociables à la Bourse, comme celles de 3 p. 100, remboursables dans le même délai, mais au pair. Elles participent aux mêmes tirages. La seconde catégorie provient d'une émission commencée en 1863, et qui est de 400,000 obligations de 500 fr. représentant un capital de 200 millions. Ces dernières diffèrent des précédentes en ce qu'elles sont remboursables dans le délai de soixante ans, à partir du 1er novembre 1863, et participent à des tirages trimestriels particuliers de lots.

Les tirages trimestriels auxquels participent les obligations du 3 ou 4 p. 100, provenant de l'emprunt de 1853, ont lieu les 22 mars, 22 juin, 22 septembre et 22 décembre de chaque année. A chacune des trois premières dates, il y a trois lots pour les trois premiers numéros sortant, représentant une somme de 170,000 francs. Au tirage du 22 décembre, il y a quatorze lots pour les quatorze premiers numéros, représentant une somme de

290,000. Pour les obligations à 4 p. 100, provenant de l'émission de 1853, il y a quatre tirages aux mêmes époques; à chacun d'eux, il y a quarante lots pour les quarante premiers numéros, représentant 200,000 francs. Dans ces tirages, les autres numéros non gagnants qui sont sortis sont remboursés avec prime ou au pair, suivant la distinction que nous avons établie.

3° *Obligations sans lots ni primes.* — Ces obligations sont de 500 francs, mais elles ne donnent droit à aucune prime ou tirage de lots; elles rapportent 5 p. 100, payables par semestre aux 1er mai et 1er novembre. Elles sont remboursables au pair dans un délai de cinquante ans, à partir du 1er mai 1866. Elles ne se négocient pas à la Bourse, mais la Société en procure la négociation. Elles sont, au choix du souscripteur, nominatives ou au porteur.

II. — OBLIGATIONS COMMUNALES.

112.—Ces obligations sont à 3 p. 100 ou 5 p. 100, il en est aussi à court terme et intérêts variables.

1° *Obligations communales à* 3 p. 100. — Ces obligations proviennent d'un emprunt de 75 millions ouvert en 1860. Elles sont de 500 ou de 100 francs; les intérêts de ces dernières sont seulement payables au 1er mai. Elles sont négociées à la Bourse, remboursables au pair dans le délai de cinquante ans, à partir du 1er novembre 1861. Elles participent à deux tirages trimestriels de lots, les

22 mars et 22 septembre, dont chacun d'eux comprend 150,000 francs de lots.

2° *Obligations communales* à 5 p. 100. — Ces obligations sont émises sous la même forme et aux mêmes conditions que les obligations foncières 5 p. 100, participent aux mêmes avantages que ces obligations auxquels elles sont assimilées.

3° *Obligations communales à court terme.* — Ces obligations sont la représentation des prêts communaux et départementaux consentis à court terme. Elles produisent 5 et 4 1/2 p. 100 d'intérêt. Elles sont de quatre à huit ans d'échéance fixés par les souscripteurs eux-mêmes, sont émises sous la forme d'obligations au porteur de 100, 500 et 5,000 francs, et sous la forme d'obligations nominatives d'une somme quelconque, pourvu qu'elle soit un multiple de 100. Les intérêts sont payables par semestre. Émises au pair, jouissance du semestre prochain et sous déduction des intérêts escomptés du jour du versement, jusqu'à la fin du semestre courant, ces obligations sont remboursables au pair à l'échéance.

SECTION IV

Extinction des obligations.

113. — L'extinction des obligation s'opère par le remboursement de la valeur nominale des obligations. Ce remboursement est fictif ou réel. Il est fictif quand les obligations reviennent à la Société par suite de payements anticipés. Il est réel lorsque la somme qu'elles représentent est versée entre les mains des porteurs en échange de leurs titres. Dans l'un et l'autre cas, ces titres doivent être annulés, autrement il y aurait des obligations sans garantie hypothécaire.

La dette hypothécaire contractée vis-à-vis la Société, diminuant tous les ans par l'amortissement, les obligations doivent diminuer dans la même proportion. Nous comprenons dès lors qu'on ne peut laisser à tous les créanciers indistinctement la faculté de demander leur remboursement (1). En temps de crise, les demandes pourraient être exagérées. L'article 16 du décret de 1852 porte donc : « Dans le courant de chaque année, il est procédé à leur remboursement, au prorata de la rentrée des sommes affectées à l'amortissement. » De cette disposition, il résulte qu'il y a au moins un remboursement annuel, et qu'il doit être proportionné à la rentrée des sommes qui ont cette destination. Mais ce remboursement, comment doit-il s'opérer chaque année, comment déterminer les obligations qui devront être éteintes de préférence? Le mode le plus simple et le plus généralement employé,

(1) En Allemagne, cette faculté fut d'abord donnée aux créanciers. Mais à la suite des événements politiques on reconnut que c'était là une concession dangereuse pour le crédit de la Société. En Prusse, la suspension légale du remboursement fut prononcée par un édit du 19 mai 1807; elle fut prorogée pour la Prusse orientale et pour la Prusse occidentale jusqu'en 1832, et aujourd'hui ce remboursement forcé des obligations a complétement disparu en Allemagne.

parce qu'il ne fait pas de mécontent, tout le monde ayant chance égale au remboursement, est le tirage au sort (1). Pour procéder à ce tirage, on mettra dans une même roue toutes les lettres de gage appartenant à la même série, puis on tire des numéros jusqu'à l'épuisement de la somme affectée au remboursement. Ce procédé semble très-simple; il se complique cependant lorsque les lettres de gage sont remboursables dans un laps de temps déterminé, de manière à ce qu'elles s'éteignent en même temps que les engagements hypothécaires souscrits par les emprunteurs. Remarquons, en effet, qu'alors les obligations émises la même année vont former une série, il y aura alors autant de séries que d'années depuis la première émission, et pour assurer le remboursement de ces lettres de gage dans le temps déterminé à chaque série, les sommes qui seront disponibles tous les ans pour éteindre une valeur équivalente de lettres de gage au pair, devront être réparties entre les diverses séries, proportionnellement à l'amortissement que procure chacune de ces séries dans cette année. Ce n'est pas tout, les emprunts contractés dans la même année n'ont pas tous la même durée ; par suite, les lettres de gage émises dans cette année n'auront pas la même époque d'exigibilité. Dans ce cas, alors, pour assurer à chaque obligation son remboursement dans le délai fixé, il faudrait diviser chaque année

(1) C'est le mode généralement employé à l'étranger.

d'émission en autant de sous-séries qu'il y aurait de périodes d'exigibilité, sous-séries entre lesquelles il y aurait une division proportionnelle à faire de la somme affectée à la série. Ce n'est pas tout encore, les obligations de la même année portant des intérêts divers, il faudrait encore, si l'on veut que les chances soient égales entre les porteurs, les mettre dans des sous-séries distinctes.

Ce tirage compliqué devient beaucoup plus simple quand les titres ne sont pas remboursables dans un temps déterminé. Il est inutile alors de distinguer, pour le tirage, l'époque de leur création, le montant de l'amortissement annuel et la durée de la libération des divers emprunteurs. Il n'y aura qu'à diviser les titres désignés sous des numéros, en autant de séries qu'il y aura d'intérêts différents. C'est pour cette raison que la Société du Crédit foncier n'a pas admis d'époque fixe pour l'exigibilité du capital. L'article 82 de ses nouveaux statuts porte, en effet : « Les obligations foncières sont créées sans époque fixe d'exigibilité pour le capital. Elles sont affectées au remboursement par voie de tirage au sort. Chaque remboursement comprend le nombre d'obligations nécessaire pour opérer un amortissement tel que les obligations restant en circulation n'excèdent jamais les capitaux restant dus sur les prêts hypothécaires. »

Les statuts ne parlent que des prêts hypothécaires. Nous avons vu que les règles des obligations représentant ces prêts sont applicables également aux obligations communales. Le nombre d'obligations à rembourser est chaque année fixé par le conseil d'administration, ce nombre devant varier suivant que les remboursements anticipés sont plus ou moins considérables. On tire alors au sort les obligations qui doivent être remboursées. Dans certains cas, nous l'avons vu, il y a en outre attribution de lots aux premiers numéros sortant, ou d'une prime à chaque lettre de gage remboursée par suite du tirage. Ces lots et primes, à moins que la Société ne reçoive une subvention, ne peuvent se prélever que sur l'annuité. Ce prélèvement devra, par suite, être assez faible pour que les charges annuelles de l'emprunteur n'en soient pas sensiblement aggravées. Les tirages, du reste, n'ont pas lieu de la même manière pour toutes les obligations.

1° *Tirage des obligations foncières* 3 *et* 4 *p.* 100, *provenant de l'emprunt* 1853. — Émises d'abord sous la forme de titres de 1,000, les obligations ont été plus tard, nous l'avons dit, divisées en coupures de 500 et de 100, qui alors portent le même numéro que le titre de 1,000 fr. dont elles proviennent. Pour opérer le tirage, on met dans une seule roue les numéros de toutes les obligations; ces numéros sont ensuite tirés jusqu'à épuisement complet. Ces obligations, quoique portant des intérêts divers, participent aux mêmes tirages. Il a été statué, par un jugement du tribunal de la Seine, que la Société avait ce droit, « attendu que toutes ces obligations appartiennent à la même création, que si des stipulations particulières sont intervenues vis-à-vis de porteurs ayant préféré un service d'intérêt de 4 p. 100 à l'éventualité de la prime, la condition de ces porteurs n'en est pas moins respectée; que cet état de choses ne préjudicie en rien à l'équilibre qui, d'après les statuts, doit être conservé, lors du tirage, entre les remboursements par anticipation et les sommes remboursées. » Il y a quatre tirages trimestriels qui ont lieu les 22 mai, 22 juin, 22 septembre et 22 décembre de chaque année ; à chacun des trois premiers tirages, il y a trois lots, pour les trois premiers numéros, représentant une somme de 170,000 fr.; au 22 décembre, il y a quatorze lots, pour les quatorze premiers numéros, représentant une somme de 290,000 fr. Pour opérer le tirage, on met dans une seule roue les numéros de toutes les obligations. Ces numéros sont tirés jusqu'à épuisement complet.

2° *Tirage des obligations foncières* 4 *p* 100, *provenant de l'emprunt* 1863. — Les 400,000 obligations de 500 fr. représentant cet emprunt de 200 millions sont divisées en quarante séries comprenant chacune 10,000 obligations, qui portent les numéros de 1 à 10,000. Ces obligations participent à quatre tirages trimestriels, aux mêmes époques que précédemment. Il y a à chacun d'eux quarante lots, représentant une somme de 200,000 fr. Chaque série a droit à un lot. On tire au sort entre les numéros de 1 à 40, pour savoir quel lot sera attribué à chaque série. Puis, dans chaque série, en suivant la marche indiquée plus haut, on tire le numéro qui aura droit à ce lot ; on tire ensuite, s'il y a lieu, les obligations qui devront être remboursées au pair. Le nombre de ces obligations à amortir est déterminé, chaque semestre, par le conseil d'administration. Il est fixé toujours à 40 ou à un multiple de 40, afin qu'on puisse en tirer un égal nombre dans chaque série.

3° *Tirage des obligations communales* 3 *p.* 100. — Ces obligations participent chaque année à deux tirages, qui sont effectués le 22 mars et le 22 septembre. Chacun de ces tirages comprend quinze lots, représentant une somme de 300,000 fr. Les obligations de 500 fr. ont droit à la totalité du lot, et les titres de 100 fr. au cinquième. Le tirage s'opère comme pour les obligations 3 et 4 p. 100, emprunt de 1853. Les numéros sortants non gagnants sont remboursés au pair.

4° *Tirage des obligations foncières communales* 5 *p.* 100. — Ces obligations sont divisées, pour les tirages, en séries égales de 10,000 numéros chacune. Lors de chaque tirage, on place dans une urne dix boules portant les chiffres de 1 à 9 et 0. On tire successivement quatre boules, en ayant soin de replacer chacune dans l'urne avant de tirer la suivante. La première boule représente les unités, la seconde les dizaines, la troisième les centaines, la quatrième les mille. On obtient ainsi un nombre appelé nombre régulateur, parce que, dans chaque

14

série, il représente l'obligation qui servira de point de départ. Cette première obligation ainsi déterminée et celles qui la suivront lors de chaque tirage seront déclarées amorties jusqu'à concurrence du nombre voulu pour chaque série.

114. — Nous voyons donc par ce qui précède, que dans chaque tirage les numéros sortants sont remboursés avec ou sans primes, avec ou sans lots, suivant les distinctions que nous avons établies. Les tirages sont effectués par le conseil d'administration, en présence des censeurs. Dans la huitaine de l'opération, les numéros sortis sont publiés, les obligations désignées par le sort remboursées le jour indiqué dans la publication ; à compter de ce jour, les intérêts attachés aux obligations remboursables cessent de plein droit. Les obligations foncières remboursées par suite du tirage au sort sont immédiatement frappées d'un timbre d'annulation; elles sont détruites en présence du gouverneur, d'un membre du conseil et de l'un des censeurs. Il est dressé procès-verbal de cette opération. Les obligations revenant à la Société, par suite de remboursements anticipés, sont immédiatement frappées d'un timbre spécial, et ne peuvent être remises en circulation qu'avec un nouveau visa du gouverneur; mais, dans tous les cas, elles participent aux tirages des lots. (Art. 85, 86, 87 des statuts.)

SECTION V

Droits des porteurs d'obligations.

115. — Les engagements de la Société vis-à-vis les porteurs de ces obligations sont, d'une part, de servir exactement les intérêts; de l'autre, de les rembourser d'après les règles étudiées. Mais si la Société venait à manquer à ses engagements, par quels moyens les porteurs des titres pourraient-ils la contraindre à les exécuter? Quels sont leurs droits? Le décret n'en parlant pas, il y a lieu d'en conclure que la Société pourra être poursuivie par ses créanciers d'après les règles du droit commun. Deux restrictions y sont cependant apportées par les articles 17 et 27 du décret du 28 février 1852. Le premier de ces deux articles porte : « Les porteurs des lettres de gage n'ont d'autre action pour le recouvrement des capitaux et intérêts exigibles que celle qu'ils peuvent exercer directement contre la Société. » Le second : « Le payement des annuités ne peut être arrêté par aucune opposition. » Nous voyons ici que le créancier ne peut pas agir contre les débiteurs de son débiteur, soit par l'action directe en vertu de l'article 1166, soit par saisie-arrêt. Le législateur a pensé qu'accorder cette double action aux créanciers, qui ont d'ailleurs des garanties suffisantes, ce serait entraver et retarder le payement des annuités, sans lesquelles le service des intérêts ne peut s'effectuer d'une façon complète et régulière. La Société peut, du reste, payer valablement, au préjudice des créanciers opposants, les porteurs d'obligations, comme ces derniers peuvent, dans ce cas, exiger le payement de la Société. L'article 18 du décret de 1852 porte, en effet : « Il n'est admis aucune opposition au payement du capital et des intérêts, si ce n'est en cas de perte de la lettre de gage. » Cette dérogation à l'article 1242 C. c. se comprend aisément. Appliquer, en effet, ici le droit commun, c'eût été frapper d'indisponibilité, pendant tout le temps des procès sur les demandes de validité d'opposition, un grand nombre de lettres de gage, en empêcher la circulation. Cependant l'article 18 admet une exception à cette règle, au cas où l'opposition serait formée par le propriétaire d'une lettre de gage perdue; nous ajouterons : ou volée. C'est là un principe de toute justice qui n'a pas besoin d'explication. L'article 18 n'étend pas même l'exception comme le fait, dans une espèce analogue, l'article 149 C. com., au cas où le porteur aurait fait faillite. Cette faillite, eût-elle été signifiée à la Société par le syndic, n'empêchera pas le Crédit foncier de se valablement libérer entre les mains du porteur.

Nous devons également nous demander quels seraient en cas de dissolution de la Société les droits des porteurs des obligations. Dans le silence des lois, décrets et statuts, nous devrons encore décider que ces créanciers agiront conformément aux règles du droit commun ; mais remarquons encore que leurs intérêts sont déjà sauvegardés d'une façon suffisante par l'intervention obligée, dans la dissolution du gouvernement, en la personne non-seulement du gouverneur, mais encore du ministre des finances qui doit approuver le modèle de la liquidation et le choix des liquidateurs. Reproduisons enfin pour terminer ce sujet, l'article 7 du règlement d'administration publique du 18 octobre 1852, qui sera pour les porteurs d'obligations une sauvegarde extrême au cas où leurs droits seraient injustement méconnus par la Société; cet article porte en effet : « Si une société contrevient aux lois et statuts et règlements, ou si elle abuse des droits qui lui sont attribués, le ministre de l'intérieur peut provoquer le retrait immédiat de l'autorisation. Il est statué sur le retrait d'autorisation par un décret rendu dans la forme des règlements d'administration publique. Jusqu'à la décision définitive, le ministre peut interdire à la société de faire aucune opération nouvelle. »

SECTION VI

Impôt frappant les obligations du Crédit foncier.

116. — Jusqu'en 1871, la Société du Crédit foncier n'a payé pour ses obligations qu'un impôt fort peu élevé. En effet, les lettres de gage à leur émission étaient frappées d'un droit fixe de 0 fr. 10; la Société payait en outre un droit de timbre de 0 fr. 50 pour 1000 francs (décret du 28 février 1852, art. 14, et loi du 8 juillet 1852, art. 29) ou un abonnement annuel de 0 fr. 02 p. 1000, tandis que les obligations des autres sociétés, d'une durée de plus de dix ans, étaient assujetties à un droit de timbre de 1 p. 100 de leur valeur nominale ou un abonnement annuel de 0 fr. 05 p. 100 (loi du 5 juin 1850). Une loi du 23 mars 1857 alla plus loin, elle frappa les cessions de ces obligations d'un droit d'enregistrement de 0 fr. 20 p. 100; ce droit était converti pour les titres au porteur en un abonnement annuel de 0 fr. 12 p. 100; plus tard, une loi du 29 juin 1872 (art. 3) a élevé le droit de cession à 0 fr. 50 p. 100, et le taux de l'abonnement, à 0 fr. 20. Cette loi de 1857, ainsi modifiée par celle de 1872, est aujourd'hui applicable aux obligations du Crédit foncier, en vertu des lois du 16 septembre 1871 (art. 11) et du 29 juin 1872 (art. 3). Ce n'est pas tout, une loi du 30 mars 1872 a élevé le taux de l'abonnement pour l'impôt du timbre de 0 fr. 02 à 0 fr. 05 p. 1000. Enfin la loi précitée du 29 juin 1872, relative à l'impôt sur le revenu des valeurs mobilières, frappe également d'un impôt de 3 p. 100 le revenu des obligations du Crédit foncier. En définitive, les obligations du Crédit foncier payent :

1° A l'enregistrement, un droit fixe de 0 fr. 10 à leur émission, puis en cas de transmission un droit de 0 fr. 50 p. 100, pour les titres nominatifs, ou s'ils sont au porteur un abonnement annuel de 0 fr. 20 p. 100 ;

2° Au timbre, un droit de 0 fr. 50 p. 1000 et un abonnement annuel de 0 fr. 05 p. 1000;

3° Enfin le revenu de ces obligations est assujetti à un impôt de 3 p. 100.

Ce dernier impôt ne peut manquer de nous étonner si nous nous rappelons que l'impôt sur les créances hypothécaires a été aboli. Le législateur renonce à atteindre le revenu de l'argent prêté sur hypothèque par les particuliers, et n'en frappe pas moins, par la loi du 29 juin 1872, les revenus des prêts hypothécaires du Crédit foncier. Loin d'avoir ici un privilége, la Société est grevée d'un droit protecteur au bénéfice des porteurs ordinaires. Cette décision nous semble bizarre. Quoi qu'il en soit, l'administration du Crédit foncier a sollicité à plusieurs reprises et encore au mois de mai dernier, mais sans succès, l'abrogation de l'impôt sur le revenu en ce qui touche les obligations foncières.

117. — Ces dernières lois, nous le voyons, sont venues mettre la Société de Crédit foncier et les autres sociétés sur un pied d'égalité, et dans tous les cas augmentant les charges des porteurs des obligations, elles ont dû contribuer à la dépréciation de ces titres.

TITRE V

Dispositions générales.

118. — Le dernier titre du décret du 28 février 1852 contient des dispositions générales qui n'ont point trouvé place dans les titres précédents. Les unes soumettent la Société à un contrôle et à certaines prescriptions destinées à l'empêcher de s'écarter du but de son institution ; les autres ont pour but de lui accorder certains droits particuliers et spéciaux. Dans la première catégorie, nous rangerons les dispositions des articles 43, 49 1°, 44, 48, 49 2° ; dans la seconde, celle des articles 45, 46, 47 et 49 de notre décret.

119. — *Dispositions relatives à la surveillance de la Société de Crédit foncier à l'observation de certaines prescriptions particulières.* — 1° *Surveillance du gouvernement* (art. 43 et 49 1°). — Aux termes de l'article 43 du décret : « Les Sociétés de Crédit foncier étaient placées sous la surveillance du ministre de l'intérieur, de l'agriculture et du commerce et du ministre des finances. Le choix des directeurs est soumis à l'approbation du ministre de l'intérieur, de l'agriculture et du commerce. » Le mode suivant lequel devait s'exercer cette surveillance, a été déterminé conformément à l'article (49 1°) par le règlement d'administration publique du 18 octobre 1852. Il consistait en une triple surveillance : 1° de commissaires nommés par le ministre de l'agriculture et du commerce et des travaux publics. Ces commissaires, chargés de veiller à l'exécution des lois, statuts et règlements, avaient reçu à cet effet le pouvoir de prendre connaissance de tous les titres, registres et documents de la Société ; ils pouvaient assister aux assemblées générales, et c'étaient eux qui, aux termes du décret du 31 décembre 1852, visaient les lettres de gage ; 2° des inspecteurs de finances ayant les mêmes droits que les commissaires, avec cette différence qu'ils n'exercaient par leur surveillance d'une façon permanente; 3° d'une commission permanente composée de huit membres, dont quatre nommés par le ministre de l'agriculture, du commerce et des travaux publics, et quatre nommés par le ministre des finances. Cette commission, présidée par le ministre de l'intérieur ou son délégué, devait donner son avis sur toutes les questions qui lui étaient soumises relativement à la gestion et à la surveillance des Sociétés de Crédit foncier. Le décret du 26 juin 1854, en organisant définitivement la direction de la Société de Crédit foncier, a complétement changé ce mode de surveillance. Nous avons reproduit les principales dispositions du décret dans notre titre premier, nous n'y reviendrons pas.

2° (Art. 44). *Interdiction de toutes opérations autres que celles prévues par le décret.* — « Il est interdit aux Sociétés de faire d'autres opérations que celles prévues par le présent décret. » Ces opérations consistent, d'une part, à consentir des prêts; de l'autre, à créer des lettres de gage. Nous en avons étudié les conditions et les règles, la Société s'y doit rigoureusement conformer. Elle ne peut faire aucune opération qui peut changer la mission d'utilité publique qui lui a été confiée. C'est sous cette condition que des priviléges extraordinaires lui ont été accordés. Il est bien entendu cependant que nous ne devons pas appliquer l'article 44 aux nouvelles opérations qui, non permises par le décret de 1852, ont été depuis accordés à la Société par les dispositions spéciales dont nous avons parlé.

3° (Art. 28). *Obligation d'insérer certaines clauses dans les statuts.* — Il est des dispositions que la Société est libre d'insérer ou non dans ses statuts, mais il en est d'autres que les statuts doivent nécessairement contenir. L'article 48 nous indique quelles sont ces dernières ; il porte : « Les statuts, approuvés conformément aux dispositions de l'article 1er, indiquent principalement : 1° le mode suivant lequel il doit être procédé à l'estimation de la propriété. L'article 70 des statuts, qui a trait à cette estimation, porte : « L'estimation des biens offerts en garantie a lieu d'après les titres, baux et autres renseignements fournis par le propriétaire qui demande à contracter l'emprunt. La Société a en outre le droit de faire procéder par experts à une estimation. Dans tous les cas, l'estimation est faite sur la double base du revenu net et du prix vénal. » C'est avec raison, je crois, que les statuts laissent au conseil l'appréciation de la valeur de l'immeuble. Une règle unique et générale, applicable dans tous les départements et à tous les terrains n'eût pu conduire en pratique à une juste et exacte évaluation. 2° La nature des propriétés qui ne peuvent être admises comme gage hypothécaire et le minimum des prêts qui peut être fait sur chaque nature de propriété. Nous avons étudié ce point à notre titre deuxième. 3° Le mode et les conditions des remboursements anticipés. 4° Le mode d'émission et le mode de remboursement des lettres de gage avec ou sans prime, ainsi que le mode d'annulation des lettres de gage remboursées. 5° Les cas où il y aura lieu à la dissolution de la Société, ainsi que les formes et conditions de la liquidation. Nous avons vu comment il était satisfait à ces prescriptions par les statuts du Crédit foncier. 6° Le maximum des prêts qui peuvent être faits au même emprunteur. Les derniers statuts, nous l'avons dit, ne fixent pas de maximum. 7° Les tarifs pour la valeur des annuités. Le gouvernement doit, en effet, pouvoir connaître et contrôler les tarifs, afin que la Société ne puisse à son gré changer les dispositions du prêt. 8° L'intervalle à établir entre le payement des annuités par les emprunteurs et le payement du capital par la Société. Cet intervalle a été fixé à trois mois par l'article 79 des statuts. 9° La constitution d'un fonds de réserve. Dans toute société, le fonds de garantie est destiné à assurer les engagements de la société. Le fonds de réserve, formé plus tard ordinairement au moyen de certains prélèvements ou de certains bénéfices, a pour objet de parer aux éventualités, aux pertes imprévues. La nécessité même de ces fonds de garantie et de réserve dans les sociétés de crédit foncier est évidente. S'ils n'existent pas, en effet, la Société ne peut payer les porteurs de ses lettres de gage que comme ses emprunteurs la payent elle-même. Ces derniers mettent-ils un retard dans le payement de leurs annuités, la Société est obligée de mettre un retard correspondant dans le payement des intérêts de ses lettres de gage, qui s'en trouvent dépréciées. Aussi, les sociétés de crédit foncier à l'étranger ont-elles toutes un fonds de garantie et un fonds de réserve. Ce dernier, dans les sociétés d'emprunteurs, se forme, comme nous l'avons vu, à l'aide de retenues exercées sur l'emprunteur au moment du prêt. Le Crédit foncier de France étant une société de prêteurs, son fonds de garantie consiste dans son capital social. Son fonds de réserve se compose de l'accumulation des sommes produites par un prélèvement annuel opéré sur les bénéfices. Le conseil d'administration en fixe l'importance. 10° Les cautionnements et autres garanties à exiger des directeurs et administrateurs et employés de la Société, ainsi que le mode de leur nomination. Dans les sociétés d'emprunteurs, la garantie consiste dans le dépôt d'une certaine somme. Dans la Société de prêteurs, elle consiste dans la souscription d'un certain nombre d'actions inaliénables. Le gouverneur du Crédit foncier doit être propriétaire de 200 actions, les sous-gouverneurs de 100, les administrateurs de 50. 11° La publicité périodique à donner aux états de situation et aux opérations sociales. Tous les mois, la Société de Crédit foncier doit remettre, suivant le modèle indiqué par l'administration, un extrait de son état de situation aux ministres de l'intérieur et des finances, ainsi qu'aux préfets des départements, aux chambres de commerce et d'agriculture et aux greffes des tribunaux compris dans leur circonscription.

Les articles 45, 46, 47 de notre titre confèrent à la Société certains droits particuliers; nous les avons précédemment étudiés en les rattachant à une autre matière. Quant à l'article 49-3°, il a trait « aux tarifs particuliers des honoraires dus aux officiers publics appelés à concourir aux divers actes auxquels peut donner lieu l'établissement des Sociétés de Crédit foncier. » Ce tarif, qui devait être organisé en vue de diminuer les frais du prêt, proposé par une commission en 1852, n'a pas encore fait l'objet d'un règlement d'administration publique, comme le portait l'article 49.

TROISIÈME PARTIE

Résultats obtenus par la Société de Crédit foncier. — Conclusion.

Nous venons d'exposer les opérations de la Société de Crédit foncier. Pour terminer notre étude, il nous reste à enregistrer les résultats atteints. Nous les examinerons surtout au point de vue de la situation des propriétés rurales.

121. — A la fin de 1870, le nombre des prêts hypothécaires consentis depuis l'origine de la Société était de 18,800, représentant en chiffres ronds........................ 1,081 millions.

Sur cette somme, les prêts consentis dans le département de la Seine représentent...........	783	»
Ceux des départements.......	298	»
Les prêts sur propriétés urbaines, y sont de...........	862	»
Ceux sur propriétés rurales, de	199	»
Ceux sur propriétés mixtes, de	20	»

Sur les 18,800 prêts consentis, 4,853 dépassent 50,000 fr., et représentent une somme de.................... 849 millions.

Il y a 7,408 prêts de 10,000 à 50,000 fr. représentant un total de 197 »

Enfin 6,539 sont au-dessous de 10,000; ils représentent........ 35 »

Nous pouvons encore remarquer que la durée d'amortissement choisie de préférence par les emprunteurs, est de cinquante ans. Il y a plus de 14,000 emprunts contractés pour cette durée, représentant plus de 835 millions. Remarquons, en outre, qu'à cette époque la Société de Crédit foncier avait avancé, en 1,909 crédits, plus de 200 millions au Sous-Comptoir des entrepreneurs. Elle avait, d'autre part, prêté plus de 711 millions aux communes. Le département de la Seine, à lui seul, y est représenté pour plus de 560 millions. Ce dernier résultat, disons-le de suite pour n'y plus revenir, ne manque pas d'être important, surtout si nous remarquons que c'est seulement depuis 1860 que la Société fait ces sortes de prêts. Ce résultat, toutefois, ne peut nous étonner, si nous nous souvenons que, d'une part, le prêt remboursable par annuités convient tout particulièrement aux communes; que, de l'autre, ces prêts sont effectués en numéraire. Les opérations du Crédit foncier, dans ces genres de prêts, semblent cependant aujourd'hui beaucoup se ralentir. La Société, en voulant imposer aux départements et communes des conditions plus onéreuses, les déterminent à s'adresser à d'autres prêteurs.

Pour compléter ce tableau, disons que la Société a fourni des dividendes fort convenables à ses actionnaires; et si le but de l'institution était de faire les affaires de ces derniers, ce but, personne n'en doute, eût été complétement atteint. En cela, je ne blâmerai pas la Société de Crédit foncier, si elle avait également su servir les intérêts de ses emprunteurs. La Banque de France a donné à ses actionnaires des dividendes autrement considérables; mais il est vrai qu'elle nous a évité, dans ces derniers temps, une crise monétaire et peut-être sauvé l'État de la banqueroute. Mentionnons cependant que, malgré les dividendes annuellement distribués, le fonds de réserve s'élevait à 18 millions.

122. — De ces résultats généraux, que j'ai pris à dessein à une époque antérieure aux désastres inouïs qui sont venus fondre sur nous et ébranler le crédit des Sociétés les plus solides, que devons-nous conclure? L'institution du Crédit foncier, considérée comme moyen d'alléger les charges qui pèsent sur la propriété, comme instrument de transformation de la dette hypothécaire et d'amélioration agricole, a-t-elle répondu aux espérances qu'elle avait fait naître? Ces espérances, je crois, étaient exagérées : on s'est fait illusion sur le succès auquel une institution de crédit foncier pouvait raisonnablement prétendre en France, à notre époque. Dans tous les cas, il faut bien le reconnaître, le but désiré n'a pas encore été atteint.

Des résultats que nous avons donnés, il résulte, en effet, que la Société n'a prêté environ que 60 millions par an à la propriété immobilière. Or, peut-on dire qu'est-ce qu'un pareil chiffre, en présence des 4 ou 500 millions qui se prêtent chaque année en France sur hypothèque ? Il faut bien reconnaître, il est vrai, que si ce dernier chiffre a été atteint en 1850, actuellement le montant des prêts hypothécaires annuels doit être moins élevé. Le nombre des emprunteurs sur hypothèque augmente, en effet, en raison même de la facilité qui leur est donnée de trouver des capitalistes prêts à leur accorder les fonds qu'ils désirent. Or, si, le numéraire s'étant accru en France dans des proportions considérables, l'industriel et le commerçant trouvent bien plus facilement qu'autrefois l'argent dont ils ont besoin, le propriétaire, au contraire, et par cette raison même, se procure plus difficilement des capitaux. Le capitaliste le plus souvent ne choisit pas l'emprunteur le plus solide, il prête à celui qui lui donne les plus gros intérêts. Je n'entends pas, par là, atténuer l'insuccès du Crédit foncier, le but même de l'institution étant de venir en aide au crédit de la propriété, la Société devrait fournir d'autant plus de capitaux aux propriétaires que ces derniers ont plus de peine à se les procurer chez les autres capitalistes. Néanmoins, le résultat obtenu pourrait paraître satisfaisant, si nous ne remarquions que sur les 60 millions annuellement prêtés, 43 millions sont prêtés dans le département de la Seine et 17 millions seulement dans le reste de la France, et ce qui est plus grave encore, les prêts sur propriétés rurales atteignent à peine 11 millions, tandis que les prêts sur propriétés urbaines s'élèvent à plus de 49 millions. Remarquons, d'autre part, que depuis ses relations avec le Sous-Comptoir des entrepreneurs, le Crédit foncier a avancé plus de 260 millions à cette Société, et nous serons nécessairement forcés de conclure, que jusqu'à présent il n'a pas obtenu le résultat désiré, car s'il a prêté aux propriétaires-constructeurs, aux compagnies industrielles, il a peu donné à la propriété rurale et agricole.

De cet insuccès, quelles sont les causes ? L'explication qui vient tout naturellement à l'esprit est la suivante : actuellement, le Crédit foncier effectue ses prêts en obligations, or ces obligations sont de beaucoup au-dessous du pair. Qu'arrive-t-il dès lors ? c'est que l'emprunteur recevant son payement en obligations, voit l'intérêt qu'il paye lui-même calculé sur l'intégralité de la somme empruntée, s'élever d'autant plus que la négociation des obligations lui donne moins. Si, empruntant 10,000 fr. pour cinquante ans, je suppose, il reçoit vingt obligations 5 p. 100, se négociant à 450 fr., il n'aura reçu, en définitive, que 9,000 fr., 90 fr. pour 100 fr., au lieu de payer une annuité de 6,01

p. 100, il paye, en définitive, 6,61. Si nous déduisons 41 centimes amortissant 90 fr. dans cinquante ans, nous en concluerons, par suite, que l'emprunteur paye un intérêt de 6 fr. 20 p. 100. Un pareil résultat est bien fait, on le comprend, pour arrêter les emprunteurs prudents, et il suffit à lui seul pour expliquer le petit nombre de prêts consentis actuellement par le Crédit foncier aux propriétaires. Cette dépréciation des lettres de gage, titres qui semblent offrir de si sûres garanties, a deux causes principales ; elle tient, d'une part, à la guerre que nous avons soutenue et à l'émission de l'emprunt qui en a été la conséquence nécessaire ; d'autre part, à ce que, comme nous l'avons fait remarquer, le capitaliste, en France, même le plus pauvre, ne cherche pas, le plus souvent, le créancier le plus solide ; il se laisse tenter par celui qui lui offre les plus gros revenus, les plus grosses chances de gain ; partant, il donne son numéraire aux grandes associations commerciales et industrielles, aux compagnies de chemins de fer qui, depuis trente ans, sont venues couvrir notre pays. Il ne s'est point arrêté là ; le champ de ses opérations, en France, ne lui semblait pas assez vaste ; il a donné son argent à l'étranger, et nos capitaux ont construit les chemins de fer espagnols, romains, lombards et bien d'autres, ont couvert les emprunts mexicains, ou d'autres aussi solides. Si, poussés par un esprit de philanthropie, nous avons voulu donner nos richesses sans idée de les recouvrer, notre but a été complétement atteint; si nous avons cru par là pouvoir faire fortune, nous nous sommes trompés. Pour beaucoup d'entre nous, la leçon a été rude; osons espérer qu'elle portera ses fruits, et que nous apprendrons au moins à conserver dans notre pays le numéraire que nous avons tant de peine à arracher à l'étranger. Alors, la Société du Crédit foncier aura une mission plus facile ; d'ici là, elle doit compter avec nos défauts, et employer les moyens qui lui semblent convenables pour attirer à elle les capitaux qui lui échappent. C'est dans ce but qu'elle a cru devoir créer des obligations avec lots et primes. Avant la guerre, ces obligations se sont négociées au pair, ou à un taux voisin du pair; elles l'ont même un instant dépassé. Aujourd'hui, le cours en est exceptionnellement bas. Cette baisse tient donc surtout à la première cause précitée. Actuellement, l'emprunt étant complétement émis, le jour où la confiance et la tranquillité sembleront renaître, il y aura lieu d'espérer que les obligations reprenant un mouvement ascensionnel, remonteront au pair. Supposons ce résultat atteint, la Société de Crédit foncier répondra-t-elle alors au but de son institution? Je ne le crois pas. Sans doute les emprunteurs deviendront plus nombreux; mais ces emprunteurs en retireront-ils de réels services? Pour répondre à la question, il y aurait lieu de rechercher si les propriétaires qui ont précédemment emprunté au Crédit foncier au taux le moins élevé, sont parvenus par là à se libérer de leur dette hypothécaire, à améliorer leur terre avec profit. Quelques exemples que mes observations particulières m'ont mis sous les yeux semblent me prouver le contraire. Je me garderais bien de poser une règle absolue, mais je crois pouvoir dire qu'en général le but de l'institution ne sera pas atteint. Supposons, en effet, qu'un propriétaire, sur une propriété de 100,000 fr., emprunte 50,000 fr. au crédit foncier. Empruntant pour cinquante ans, il paye une annuité de 6,01 p. 100, ou 3,005 fr. pour 50,000 fr. Trouvera-t-il, dans la moitié de sa terre, un revenu moyen annuel capable de faire face à l'annuité ? Telle est la question que nous nous devons poser et qu'il nous faut résoudre. En vain pourrait-on dire que les prêts consentis par le Crédit foncier ne pouvant excéder la moitié de la valeur de la propriété, l'emprunteur pourra toujours trouver le moyen de parfaire sur les revenus de l'autre moitié, la somme nécessaire à solder le montant de l'annuité. A cela, je répondrai que ces revenus, le plus souvent, sont destinés à faire face à d'autres charges envers d'autres créanciers, que, dans tous les cas, l'emprunteur en a besoin pour vivre. La question se ramène donc à savoir si la Société de Crédit foncier prête à un taux en rapport avec la production du sol. Or il est certain que la grande et la moyenne propriété, pour des raisons que je n'ai point à expliquer, mais qui sont indépendantes du fait et de la volonté des propriétaires, ne donnent point un revenu moyen de 6 p. 100. Les résultats acquis sont bien au-dessous de ce chiffre. Dès lors, si le propriétaire emprunte pour se libérer d'une dette hypothécaire, il n'atteindra pas son but, bien au contraire, il sera forcé d'arriver à une liquidation d'autant plus désastreuse pour lu qu'elle aura été plus retardée. Aucun propriétaire ne soutiendra davantage qu'empruntant pour améliorer sa terre, il trouvera dans le produit de ses améliorations, un revenu moyen annuel capable de payer l'annuité de son emprunt.

Mais si les conditions imposées par la Société aux propriétaires emprunteurs sont trop élevées, d'où vient, peut-on nous dire, que les Sociétés de crédit foncier allemandes qui n'offrent pas à leurs emprunteurs des conditions plus favorables, aient cependant produit de bons résultats? Remarquons d'abord que les établissements qui y sont les plus prospères sont des établissement d'emprunteurs pouvant, par leur nature même, prêter à des conditions plus avantageuses. De là, je n'irai pas conclure qu'il faut nécessairement introduire chez nous des Sociétés de ce genre, car il y aurait tout lieu de craindre que, étant connus, la division infinie de la propriété dans notre pays et le peu d'esprit d'association qui nous caractérise, on ne les vît jamais s'organiser en France; d'un autre côté, je remarque que parmi ces institutions, même en Allemagne, il en est qui font payer à leurs emprunteurs des annuités aussi élevées que les Sociétés de prêteurs, or les conditions des prêts de ces dernières sont au moins aussi élevées que celles des prêts consentis par notre Société de Crédit foncier de France. Et cependant, si le succès de ces établissements est plus discutable, il faut cependant reconnaître que la plupart ont eu une heureuse influence et ont rendu de réels services. Ce résultat tient aux conditions particulières d'esprit et de coutumes dans lesquelles se trouve l'Allemagne, où il semble qu'on ait plus que chez nous l'habitude de prêter sur hypothèque, il tient surtout à ce que ces Sociétés se sont fondées et ont pu se constituer d'une façon forte et définitive à une époque où leurs lettres de gage, n'ayant point à craindre de concurrence sérieuse dans la circulation très-restreinte des fonds publics et des valeurs industrielles, se sont dès le principe négociées au pair et même au-dessus. Et il est fort possible que notre Société de crédit foncier, fondée à la même époque, eût aujourd'hui donné des résultats analogues. Donc, de ce qui se passe aujourd'hui en Allemagne, nous ne pouvons conclure ce qui doit se passer dans notre pays. Cependant, retenons bien ceci, c'est que les banques foncières les plus prospères à l'étranger sont celles qui offrent les conditions les plus larges aux emprunteurs ; or ces conditions sont plus favorables que celles que notre Société impose. Nous pouvons remarquer notamment que l'établissement de crédit territorial de Hanovre prête en numéraire pour soixante ans, moyennant une annuité seulement de 4 fr. 50 p. 100. Donc, que le Crédit foncier abaisse le montant de son annuité et le chiffre de ses opérations augmentera dans des proportions considérables. Qu'il mette le taux de l'intérêt de ses prêts en rapport avec les revenus de la terre, et le but de l'institution sera atteint.

Mais il semble qu'ici nous nous trouvions en face d'un problème impossible à résoudre. La Société, en effet, prête en obligations, or, qu'elle restreigne l'annuité à payer par ses emprunteurs, elle sera forcée de restreindre dans la même proportion l'intérêt de ses obligations, et le cours de ces lettres de gage diminuera d'autant. Nous avons ici comme deux vases communiquant le niveau baissant dans l'un, il devra nécessairement baisser dans l'autre. Au mal il semble qu'il n'y ait pas de remède, de là plusieurs opinions émises. Je résume les deux principales : dans l'une, des publicistes ont proposé de remettre aux emprunteurs au lieu d'obligations foncières remboursables par voie de tirage au sort, des billets au porteur produisant un intérêt modique ou nul, mais payable à vue; dans l'autre, le remède proposé est moins radical, à proprement parler il n'y en aucun. L'instrument de crédit territorial, dit-on, est trouvé dans l'institution du Crédit foncier actuellement existante. Il n'est besoin que d'attendre, la diminution progressive du loyer de l'argent prêté sera la conséquence forcée du jeu de l'institution. A mesure que ses opérations se développeront, les lettres de gage, de mieux en mieux accréditées, seront émises à un taux d'intérêt moins élevé, tandis que ses frais généraux n'augmentant pas dans la même proportion que ses affaires, la commission diminuera. Je n'essayerai point de discuter ces deux opinions, la discussion serait bien au-dessus de mes forces, je me contenterai de faire remarquer que si le premier système, entre autres inconvénients, présente celui de porter atteinte au privilége de la Banque de France, le second nous fait courir les risques d'attendre bien longtemps encore.

Cependant, est-ce à dire que d'ici le jour où ce changement sera opéré, la Société du Crédit foncier ne pourra rendre des services? Je ne le crois pas, surtout si comme il y a lieu de l'espérer ses obligations remontent au pair. Ses prêts pourront alors être utiles (et les résultats acquis semblent l'avoir déjà prouvé) aux propriétaires de fonds urbains, fonds qui, dans Paris surtout, rapportent relativement plus que les fonds ruraux ; ils pourront profiter à quelques propriétaires privilégiés possesseurs de terres d'une fertilité exceptionnelle, à ceux qui, outre leurs biens fonciers, ont des capitaux en réserve pour compléter tous les ans l'annuité dont ils sont redevables, à la condition toutefois qu'ils agissent avec une prudence extrême et n'empruntent que dans la limite de leurs besoins et de leurs forces. Mais remarquons alors, que dans ce dernier cas, le prêt étant fait en définitive au capitaliste autant qu'au propriétaire, la Société n'est plus une institution de crédit foncier. La Société du Crédit foncier pourra encore rendre des services, et c'est une réserve que j'ai ci-dessus annoncée, au petit propriétaire ; je veux dire au petit propriétaire qui a une terre assez restreinte pour la cultiver lui-même. J'ai la conviction, en effet, que les pays de petite culture produisent beaucoup plus que les pays de grande culture. Cela tient tout naturellement à ce que le propriétaire qui travaille pour lui-même, sans le secours d'autrui, apporte dans son travail plus d'ardeur et plus de soins, et arrive ainsi à des résultats auxquels le propriétaire qui fait valoir une grande terre ne saurait prétendre. J'ai vu des paysans sans fortune aucune, mais travailleurs économes, acheter une petite terre et, de bonnes récoltes y aidant, la payer dans cinq ou six ans. Cependant, c'est précisément à la petite propriété que le Crédit foncier a le moins prêté ? Sans aucun doute, le Crédit foncier, comme toutes les grandes institutions, ne doit pas avoir une affection marquée pour les prêts de peu d'importance, mais il faut reconnaître que les demandes de prêts de ce genre ont été fort peu nombreuses. Cela tient à plusieurs causes ; d'abord, je serais tenté de croire que la petite propriété est relativement moins grevée que la grande et la moyenne ; en second lieu, le petit propriétaire connaît peu l'institution qui nous occupe, ou la connaissant il préfère s'adresser au prêteur, qui lui donnera plus promptement les fonds dont il a besoin. Il n'est pas douteux, en effet, que beaucoup d'emprunteurs grands et petits reculent devant les lenteurs de l'emprunt. Celui qui emprunte a le plus souvent attendu pour emprunter, d'être réduit à la dernière extrémité ; dès lors, il n'a plus le choix des prêteurs. Il accepte le prêt non pas le plus avantageux, mais le plus rapide, celui qui le mettra le plus vite en possession du numéraire. Ce serait donc au Crédit foncier, d'une part, à faire mieux connaître son institution dans les départements, de l'autre, à activer autant que possible la réalisation de ses demandes d'emprunt. Or, ce double résultat ne sera obtenu que lorsque la Société se sera mise plus directement en relation avec ses emprunteurs de province, en y établissant des succursales qui auront pour effet de la rapprocher des localités qui auraient besoin de recourir à elle. Ne voit-on pas, en effet, par les résultats que nous avons donnés, que les localités qui ont le plus emprunté sont les plus rapprochées du siége central de la Société, celles par suite où l'institution est le mieux connue ? La Société est, il est vrai, représentée dans la province par les receveurs généraux. Mais ce qu'un receveur général ne peut faire, un directeur de succursale pourra l'accomplir. Il fera comprendre aux propriétaires les avantages qu'ils peuvent retirer de l'emprunt à long terme, et aux capitalistes les sûretés qu'ils trouveront dans un placement en lettres de gage. Il pourra rapidement renseigner le Crédit foncier sur la valeur des biens offerts en garantie, guider les emprunteurs dans l'accomplissement des formalités, et dans tous les cas, facilitant la réalisation des prêts, il verra augmenter le nombre des demandes, tandis que les petits capitalistes comprenant mieux la garantie de l'institution, viendront lui offrir leurs capitaux et partant élever le cours des lettres de gage.

123. — Je me résume et je dis : L'institution du Crédit foncier de France repose sur un principe fécond en résultats : le prêt à long terme remboursable par annuités qui insensiblement amortissent la dette. Si l'application du principe n'a pas produit jusqu'à présent, au point de vue de l'amélioration agricole et de la libération de la dette hypothécaire, les résultats qu'on en pouvait attendre, cela tient surtout à ce que l'annuité n'est pas en rapport avec le revenu annuel moyen de la terre. Cette annuité est incontestablement trop élevée aujourd'hui, les obligations de la Société étant de beaucoup au-dessous du pair. Que ces lettres de gage remontent au pair, quelques succès partiels pourront alors être obtenus, mais l'institution n'aura un succès général, indiscutable, que lorsqu'elle pourra mettre l'intérêt de l'argent qu'elle prête à la terre, à un taux en rapport avec la production. Ce jour-là son but sera atteint, et elle deviendra réellement alors une banque nationale de la propriété foncière en France.

POSITIONS

DROIT ROMAIN.

I. L'hypothèque consentie pour sûreté d'une dette conditionnelle, prend rang du jour où elle a été consentie, indépendamment de tout effet rétroactif de la condition.

II. Cependant l'hypothèque garantissant une dette conditionnelle, ne prend naissance qu'à l'arrivée de la condition s'il dépendait de celui en faveur de qui elle était constituée, de ne pas devenir créancier.

III. La règle *prior tempore potior jure* s'applique aux hypothèques portant sur les biens à venir.

IV. Le fisc n'avait pas d'hypothèque privilégiée, lorsqu'il traitait comme un particulier.

V. Un créancier hypothécaire antérieur peut user du *jus offerendi* vis-à-vis d'un créancier postérieur.

VI. Le créancier qui a usé du *jus offerendi* vis-à-vis d'un autre créancier, acquiert la créance de ce dernier.

VII. Si plusieurs créanciers hypothécaires sont en discussion pour savoir qui exercera le *jus offerendi*, la préférence se règle d'après l'ordre des rangs.

VIII. En droit romain, les servitudes urbaines et rurales se déterminent d'après la nature du fonds dominant.

DROIT FRANÇAIS.

I. La concession d'un monopole est indispensable au succès d'une Banque foncière en France.

II. La *Société du Crédit foncier* de France ne peut actuellement rendre de réels services à la grande et à la moyenne propriété.

III. La *Société du Crédit foncier* peut prêter sur des actions immobilisées de la *Banque de France.*

IV. Lorsque la *Société du Crédit foncier,* par suite d'un prêt fait sur un immeuble grevé de plusieurs inscriptions, aura pris le rang du créancier inscrit en première ligne, les créanciers postérieurs, alors qu'ils auraient été inscrits antérieurement au décret du 28 février 1852, doivent subir les conséquences du nouveau prêt.

V. Les annuités dues par l'emprunteur à la *Société du Crédit foncier* se prescrivent par cinq ans.

VI. En cas de remboursement partiel de la part de l'emprunteur, la somme ainsi payée doit s'imputer sur l'ensemble des annuités, de manière que, sans diminuer leur nombre, elle donne lieu à une réduction proportionnelle sur le montant de chacune d'elles.

VII. Le droit de rétention est un droit réel.

VIII. Le privilége du vendeur de meuble persiste sur le meuble devenu immeuble par destination.

IX. Si deux hypothèques frappent des biens à

venir, la première inscrite primera l'autre sur ces biens acquis postérieurement aux deux inscriptions.

X. L'hypothèque consentie à un banquier, en cas d'ouverture de crédit, prend rang du jour de l'inscription.

XI. La loi du 23 mars 1855 s'applique aux donations de servitude.

DROIT CRIMINEL.

I. Lorsque l'auteur de plusieurs délits, dont certains étaient inconnus au moment de la poursuite de l'un d'eux, a été condamné à une peine qui est la plus forte de toutes celles qui lui étaient applicables, l'action publique n'est pas pour cela paralysée.

II. La faculté laissée aux jurés de communiquer avec le public dans les intervalles qui séparent les diverses séances d'une même affaire, n'est autorisée par aucun texte du Code.

III. Le président de la Cour d'assises ne peut interdire à l'avocat de parler de la peine devant le jury.

IV. Lorsque le président de la Cour d'assises, dans son résumé, produit des pièces nouvelles, inconnues jusque-là du ministère public et de la défense, l'avocat peut demander que les débats soient rouverts sur les documents nouveaux portés à la connaissance du jury.

DROIT DES GENS.

I. Une nation ne peut renoncer, par un traité en faveur d'une autre nation, au droit de naviguer librement sur la mer.

II. Le droit de capturer les navires marchands pendant la guerre doit être maintenu.

III. La nation neutre qui laisse librement passer sur son territoire les deux armées ennemies viole sa neutralité.

HISTOIRE DU DROIT.

I. Les justices seigneuriales ont leur origine dans la délégation aux seigneurs, de la part du roi, de son souverain droit de justice.

II. Nos villes n'ont pas dû, en général, à des insurrections leurs libertés municipales.

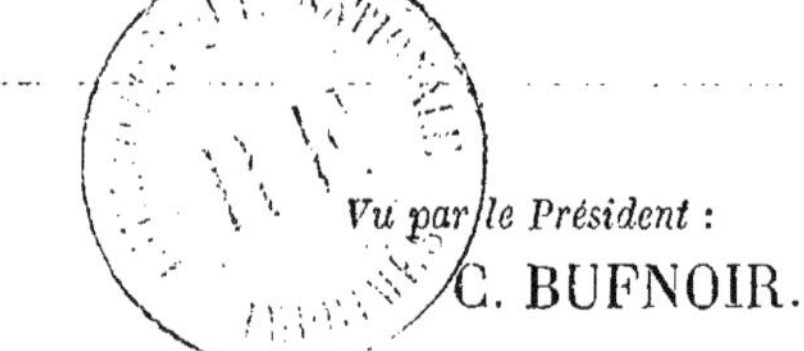

Vu par le Président :
C. BUFNOIR.

Vu par le Doyen :
COLMET-DAAGE.

Permis d'imprimer :
Le Vice-Recteur de l'Académie de Paris,
A. MOURIER.

TABLE DES MATIÈRES

DROIT ROMAIN

DU DROIT DE PRÉFÉRENCE ENTRE CRÉANCIERS HYPOTHÉCAIRES

DROIT FRANÇAIS

ÉTUDE SUR LA SOCIÉTÉ DE CRÉDIT FONCIER DE FRANCE

DEUXIÈME PARTIE.

TROISIÈME PARTIE.

Paris. — Typ. Pillet fils aîné, 5, rue des Grands-Augustins

PARIS. — IMPRIMERIE PILLET FILS AÎNÉ, RUE DES GRANDS-AUGUSTINS, 5.

www.ingramcontent.com/pod-product-compliance
Ingram Content Group UK Ltd.
Pitfield, Milton Keynes, MK11 3LW, UK
UKHW012025240726
13965UKWH00002B/569